GESÜNDER LEBEN MIT
ZIMMERPFLANZEN

B. C. Wolverton

GESÜNDER LEBEN

MIT ZIMMERPFLANZEN

*Die wichtigsten Pflanzen zur Beseitigung
von Raumgiften in Wohnräumen und Büros*

Aus dem Englischen von Hasso Rost

Die Deutsche Bibliothek – CIP-Einheitsaufnahme
Wolverton, B. C.:
Gesünder leben mit Zimmerpflanzen : die wichtigsten
Pflanzen zur Beseitigung von Raumgiften in Wohn-
räumen und Büros / B. C. Wolverton. Aus dem Engl.
von Hasso Rost. – Köln : vgs, 1997
    Einheitssacht.: Eco friendly houseplants <dt.>
    ISBN 3-8025-1343-6

Text © B. C. Wolverton, 1996
Fotografien © George Weidenfeld & Nicolson Ltd,
1996,
außer Seite 124 © Christopher Gallagher,
The Garden Picture Library, London.
Titel der Originalausgabe:
Eco Friendly Houseplants – 50 indoor plants that
purify the air in homes and offices

Fotografien von Phil Starling
Illustrationen von Colin Newman und Jennie Dooge
Fotografien S. 22: Mit freundlicher Genehmigung von
National Aeronautics and Space Administration
(NASA).

Redaktion: Martina Weihe-Reckewitz
Lektorat: Marcus Reckewitz
Produktion: Wolfgang Arntz
Satz: ICS Communikations-Service GmbH,
Bergisch Gladbach
Printed in Italy
ISBN 3-8025-1343-6

Danksagung

*Für meine Frau und beste Freundin Yvonne, ohne deren
unermüdliche Arbeit dieses Buch nicht entstanden wäre.
Auch meinem Sohn John, der zahllose Stunden mit Pflanzentests
verbrachte und dessen Künste am Computer eine schwierige
Aufgabe leichter machten, schulde ich Dank.*

Ich danke auch der NASA und besonders dem
John C. Stennis-Weltraumzentrum dafür, daß sie mir
meine Studien inmitten ihrer Welt aus Computern
und Raketen ermöglicht haben. Hervorheben möchte
ich meine NASA-Kollegin Dr. Rebecca McCaleb, die
viele Jahre mit mir zusammengearbeitet hat, und
Keith Bounds sowie das gesamte Personal des
Umwelt-Forschungslabors. Ein Extra-Dankeschön
auch an den Plants for Clean Air Council, dessen
ständige Unterstützung mir sehr geholfen hat, und an
meine Redakteurin Susan Haynes, die mit sachkundi-
gem Eifer zum Gelingen dieses Buches beigetragen
hat.

Inhalt

EINLEITUNG

Der technologische Fortschritt hat heute, kurz vor dem Eintritt ins dritte Jahrtausend, eine atemberaubende Geschwindigkeit erreicht. Die Menschen scheinen einen unstillbaren Durst auf technische Spielereien zu haben, die ihr Leben angeblich produktiver und angenehmer machen. Doch damit einhergehend ist ihr Verhältnis zur Natur immer distanzierter geworden. Viele Menschen versuchen deshalb, den Bezug zur Natur durch Pflanzen in ihrem Haus, ihrer Wohnung oder im Büro, also in ihrem unmittelbaren Alltagsleben, aufrechtzuerhalten. Doch Zimmerpflanzen sind nicht nur hübsch anzusehen, sondern verbessern auch die Qualität unserer wichtigsten Lebensgrundlage – der Atemluft.

Um kostbare Energie zu sparen, hat man in den letzten 25 Jahren die Maßnahmen zur Verhinderung von Wärmeverlusten vorangetrieben. Wärmedämmung spart zwar kostbare Energie, hat aber leider oft zur Folge, daß giftige Gase aus synthetischen Materialien nicht mehr ausreichend nach außen entweichen können. Unter den Folgen dieser Entwicklung leiden mittlerweile viele Bewohner. Bis zu 90 Prozent ihrer Zeit halten sie sich immerhin in geschlossenen Räumen auf. Der daraus resultierende langandauernde Kontakt mit chemischen Dämpfen ist Ursache für die Zunahme einer Vielzahl von Erkrankungen wie Asthma, Allergien, ja sogar Krebs.

Die Luftverschmutzung in Innenräumen wird heute von vielen Fachleuten als eines der größten Gesundheitsrisiken angesehen. Zwar kann durch einen erhöhten Luftaustausch, die Verwendung von gering emittierenden Baustoffen und Materialien und eine insgesamt gesundheitsbewußte Bauplanung das Problem gemildert, aber keineswegs gänzlich gelöst werden. Ausgerechnet die Technologie der Weltraumforschung bietet nunmehr eine natürliche Lösung an, die so alt ist wie die Erde selbst: Als die US-Raumfahrtbehörde NASA ein lebenserhaltendes System für geplante Mondbasen zu entwickeln begann, führte sie umfangreiche Studien zur Behandlung und Aufbereitung von Luft und Abwasser durch. Dabei stellten sich die Forscher der NASA die entscheidende Frage: Wie schafft es der Planet Erde, saubere Luft zu produzieren und diese beständig sauberzuhalten? Die Antwort ist einfach: Durch die Lebensprozesse von Pflanzen. Von dieser Erkenntnis ausgehend, machten sich die Wissenschaftler daran, die Entwicklung konstant funktionierender, geschlossener Lebenserhaltungssysteme zu untersuchen. Am John C. Stennis-Weltraumzentrum der NASA in Mississippi entdeckten die Forscher, daß Zimmerpflanzen in der Lage waren, die Luft in versiegelten Testräumen zu reinigen und zu revitalisieren.

Die Ergebnisse derartiger Studien konnten nicht ohne Folgen bleiben: Immer mehr Menschen sorgen sich zunehmend um die Belastungen ihrer Gesundheit durch ein giftiges Wohnklima und suchen seither nach einer natürlichen Lösung der Probleme. Im vorliegenden Buch sind die Erkenntnisse aus mehr als 25 Jahren Forschungsarbeit zusammengefaßt. Es werden Antworten gegeben auf die wichtigsten Fragen, die sich im Zusammenhang mit der Herstellung eines gesunden Raumklimas stellen. Wie lassen sich beispielsweise Pflanzen gesundheitsfördernd in Wohn- und Arbeitsräume integrieren? Wie verbessern bestimmte Pflanzen die individuelle Atemzone der Menschen? 50 Zimmerpflanzen werden beschrieben und danach bewertet, wie effektiv sie im Kampf gegen chemische Rückstände in der Luft sind, wie leicht sie zu pflegen sind, wie resistent sie gegen Schädlingsbefall sind und wie gut sie die Luft mit Feuchtigkeit anreichern können. Darüber hinaus finden Sie alle notwendigen Informationen, welche Licht- und Temperaturverhältnisse die betreffenden Pflanzen schätzen, woher sie stammen und wie man sie erfolgreich kultiviert und pflegt. Mit so vielen praktischen Tips als Rüstzeug steht Ihrer Gesundheit durch Zimmerpflanzen fortan nichts mehr im Wege.

I

LUFTVERSCHMUTZUNG
IN RÄUMEN

Die meisten Menschen fühlen sich in ihren heimischen Wohnräumen oder in ihren Arbeitsräumen vor den schädlichen Einflüssen der Luftverschmutzung gut geschützt. Wird doch bei Smogalarm beispielsweise angeraten, möglichst im Haus zu bleiben und Türen und Fenster zu schließen. Wissenschaftler schätzen jedoch, daß die Luft in Innenräumen bis zu zehnmal stärker durch Schadstoffe belastet ist als die Außenluft. Bereits Anfang der fünfziger Jahre führte der amerikanische Arzt Dr. T. G. Randolph Allergien und andere chronische Krankheiten auf die verschmutzte Innenluft zurück. Die US-Umweltbehörde rechnet die Belastung des Wohnklimas durch Schadstoffe zu den fünf gefährlichsten Bedrohungen für die Volksgesundheit. Obwohl in modernen Industriegesellschaften die Menschen bis zu 90 Prozent ihrer Zeit innerhalb von Gebäuden verbringen, ist den meisten nach wie vor nicht bewußt, daß zwischen dem daraus resultierenden Kontakt mit den für Innenräume typischen Umweltgiften und der Anzahl sowie Ausprägung allergischer Reaktionen ein direkter Zusammenhang besteht.

DIE AUSWIRKUNGEN DER ÖLKRISE

In vielen Industriestaaten nahmen die durch schlechte Innenluftqualität bedingten Beschwerden kurz nach dem Ölschock von 1973 sprunghaft zu. Die Erdöl produzierenden Länder (OPEC) hatten in diesem Jahr ein Ölembargo gegen die Industrienationen verhängt, um höhere Preise durchzusetzen. Energiesparen hieß fortan die wirtschaftliche Zauberformel in den Industriestaaten. Hausbesitzer ermunterte man mit zahlreichen Förderprogrammen und Steueranreizen, den Energieverbrauch in ihren Häusern durch nachträgliche Umbauten zu senken, Dächer und Wände wurden millionenfach wärmeisoliert, Fugen und Ritzen sorgsam mit Klebeband und Dichtungsmasse verschlossen.

VENTILATION UND LUFTFEUCHTIGKEIT

Der Luftaustausch verbessert das Raumklima, indem verbrauchte Innenluft mit frischer Außenluft angereichert wird. Das setzt natürlich voraus, daß die Frischluft sauber ist, was gerade in Ballungsgebieten nicht immer der Fall ist. Für das Wohlbefinden der Bewohner ist ein Minimum an Luftaustausch jedoch notwendig: Überschüssige Wärme und Feuchtigkeit sowie Gerüche werden durch die Ventilation entfernt. Es erfordert also schon ein wenig Geschick, um einerseits ein angenehmes Raumklima zu schaffen, ohne andererseits die Energiekosten allzu hoch zu treiben.

Es gilt als sicher, daß schlecht gewartete Klimaanlagen Erkrankungen der Atemwege zur Folge haben können. Solche Systeme müssen ständig gewartet, Luftfilter regelmäßig ausgetauscht werden, damit die Luft von Verunreinigungen befreit wird. In großen Gebäuden entstehen die Probleme meist durch Kühlanlagen, Frischluftgebläse und die schlechte Wartung von Luftaufbereitungssystemen sowie durch Luftschächte. So hat man zum Beispiel die Legionella-Bakterie – Auslöser der Legionärskrankheit – in Kühlsystemen gefunden.

Darüber hinaus beeinträchtigt auch eine geringe relative Luftfeuchtigkeit die Qualität des Raumklimas. Günstig sind Werte zwischen 35 und 65 Prozent. Häufig, besonders in den Wintermonaten, sinkt die Feuchtigkeit allerdings weit unter diesen Idealbereich. Kalte Winterluft ist normalerweise schon sehr trocken, geheizt ist sie noch trockener. Ein solches „Wüstenklima" reizt die empfindlichen Schleimhäute in der Nase und macht sie anfällig für Attacken durch Viren, Allergene und Chemikalien, die in der Luft schweben. Erkältungen, allergische Reaktionen und Asthmaanfälle sind im Winter oft auf eine zu geringe Feuchtigkeit der Innenluft zurückzuführen.

Andererseits kann auch eine extrem hohe Luftfeuchtigkeit problematisch werden. Beträgt die relative Feuchtigkeit mehr als etwa 70 Prozent, finden gesundheitsschädliche Schimmelpilze auf Möbeln, Stoffen und Elektrogeräten nahezu ideale Lebensbedingungen. Heizungen und Klimaanlagen vermögen dem entgegenzuwirken, indem sie der Luft überschüssige Feuchtigkeit entziehen.

EMISSIONEN AUS MODERNEN MATERIALIEN

In den letzten Jahrzehnten hat sich die Zusammensetzung und Qualität der Baustoffe und der für die Innenausstattungen verwendeten Materialien langsam, aber stetig verändert. Spanplatten haben Vollhölzer verdrängt; festverklebte Bodenbeläge sind heute die Regel; Mobiliar und Einrichtung in Wohn- und Arbeitsräumen bestehen kaum noch aus natürlichen, sondern immer häufiger aus synthetischen Materialien, die von den unterschiedlichsten Klebstoffen und Harzen zusammengehalten werden. Eine Unmenge elektronischer Geräte in privaten Wohnräumen, Büros und öffentlichen Gebäuden soll das Leben

Quellen chemischer Emissionen

	Formaldehyd	Xylol/Toluol	Benzol	Trichlorethylen	Chloroform	Ammoniak	Alkohole	Aceton
Bedrucktes Papier								■
Bio-Effluvien		■				■	■	■
Blaupausen						■		
Bodenbeläge	■	■	■				■	
Bügelfreie Textilien	■							
Chloriertes Leitungswasser					■			
Computerbildschirme		■						
Deckenvertäfelung	■		■				■	
Dichtungsmasse	■		■				■	
Elektrofotografische Drucker		■	■	■		■		
Filmentwickler						■		
Fotokopierer		■	■			■		
Gasherde	■							
Klebstoffe	■	■	■				■	
Kleiderstoffe	■							
Korrekturflüssigkeit								■
Kosmetika							■	■
Lacke/Beize	■	■	■					
Nagellackentferner								■
Papierhandtücher	■							
Plastiktüten	■							
Polstermöbel	■							
Reinigungsmittel						■		
Schminktücher	■							
Spanplatten	■	■	■				■	
Sperrholz	■							
Tabakrauch	■							
Tapeten		■	■				■	
Teppichboden	■						■	
Vervielfältiger				■			■	
Vorhänge	■							
Wandfarben	■		■				■	

komfortabler und die Arbeit effektiver gestalten. Solche Geräte emittieren nachweislich verschiedene organische Verbindungen, und auch synthetische Materialien entlassen hunderte flüchtiger organischer Substanzen in die Luft; einige Beispiele sind in der obenstehenden Tabelle aufgeführt.

Doch auch die Menschen selbst verschmutzen die Luft, besonders dann, wenn sie gemeinsam in schlecht belüfteten Räumen leben oder arbeiten. Gelegentlich wird dies sogar körperlich spürbar, wie jeder Flugreisende weiß, der schon einmal mit 300 weiteren Passagieren etliche

Stunden in einer engen Flugzeugkabine ausharren mußte. In vielen Jahren wissenschaftlicher Arbeit fanden amerikanische und russische Weltraumforscher heraus, daß der Mensch außer Kohlendioxid bis zu 150 weitere flüchtige Stoffe an die Atmosphäre abgibt: Kohlenmonoxid, Wasserstoff, Methan, Alkohole, Phenole, Methylindol, Aldehyde, Ammoniak, Schwefelwasserstoff, flüchtige Fettsäuren, Indol, Mercaptane und Stickstoff(di)oxide sind nur einige davon. Substanzen, die durch normale körperliche Prozesse ausgedünstet werden, nennt man Bio-Effluvien. In Studien hat man herauszufinden versucht, welche dieser Effluvien in welcher Zeit und Menge ein Mensch ausscheidet. Als wichtigste Bio-Effluvien erwiesen sich Aceton, Ethylalkohol, Methylalkohol und Ethylacetat.

Die drei Hauptursachen für eine schlechte Qualität der Raumluft sind also: 1. nahezu hermetisch isolierte Gebäude und die in ihnen vorkommenden synthetischen Materialien; 2. ein geringer Luftaustausch; und 3. menschliche Bio-Effluvien. Viel zu spät haben Architekten, Ingenieure und Gesundheitsbehörden erkannt, welche katastrophalen gesundheitlichen Folgen unsere moderne Bauweise auf die Qualität der Atemluft in Gebäuden haben kann.

LUFTQUALITÄT UND GESUNDHEIT

Anfang der achtziger Jahre traten in Europa, Kanada und den USA vermehrt Krankheiten auf, die sich auf die Zunahme von wärmeisolierten Gebäuden zurückführen ließen. Seither wird die mangelhafte Qualität des Raumklimas als ein weitverbreitetes Problem anerkannt, in den USA ist das „Sick Building Syndrome" (SBS)

Häufige Symptome des „Sick Building Syndrome"

- Allergien
- Asthma
- Reizung von Augen, Nase, Hals
- Abgeschlagenheit
- Kopfschmerz
- Nervöse Beschwerden
- Atembeschwerden
- Nebenhöhlenverstopfung

---

bereits zum geflügelten Wort geworden. Dort faßt man unter SBS gelegentlich ein ganzes Bündel von Symptomen zusammen, unter denen Bewohner eines bestimmten Gebäudes oder Gebäudeteils leiden. Mit den üblichen Diagnose-Verfahren konnte man sich diese Krankheiten nicht erklären. Sie sind jedoch unbestreitbar vorhanden, wenn sich die Patienten in einem betreffenden Gebäude aufhalten und verschwinden, wenn sie das Haus verlassen. Einige der häufigsten SBS-Symptome sind in der obenstehenden Tabelle aufgeführt.

1984 enthüllte ein Bericht der Weltgesundheitsorganisation (WHO), daß bis zu 30 Prozent aller weltweit neuen und umgebauten Gebäude Probleme mit der Qualität der Innenraumluft haben könnten. Im August 1989 überstellte die US-Umweltbehörde einen Bericht über die Luftqualität in zehn wärmeisolierten öffentlichen Gebäuden an den Kongreß. Einige Chemikalien traten in Konzentrationen auf, die 100mal über den normalen Werten lagen. Weiter hieß es in dem Bericht, daß „genügend Nachweise dafür bestehen, daß die Verschmutzung der Innenraumluft einen wesentlichen Anteil an den gesundheitlichen Problemen durch Luftverschmutzung insgesamt hat und ein ernsthaftes Risiko für akute und chronische Krankheiten darstellt", was vor allem darauf zurückzuführen ist, daß die meisten Menschen weitaus mehr Zeit innerhalb als außerhalb von Gebäuden verbringen.

Nach einem Bericht des US-amerikanischen Institute of Medicine wird jeder fünfte Amerikaner während seines Lebens unter wenigstens einer allergischen Krankheit leiden, von denen viele durch Innenraum-Allergene verursacht werden. Der Bericht beschreibt die Allergie als „Überempfindlichkeit des Immunsystems, die bei solchen Personen auftritt, welche Allergenen ausgesetzt waren und darauf mit einer Überproduktion bestimmter Komponenten des Immunsystems – wie Immunglobulin E (IgE) – reagiert haben. Etwa 40 Prozent der Bevölkerung weisen IgE-Antikörper gegen Umweltallergene auf, 20 Prozent zeigen klinische Allergiesymptome, und 10 Prozent leiden unter schweren oder schwersten allergischen Krankheiten."

Dem amerikanischen Arzt Dr. T. G. Randolph wird die Begründung der sogenannten ökologischen Medizin zugeschrieben. Viele Vertreter dieses Wissenschaftszweiges, die sich seit den fünfziger Jahren von ihren schulmedizinischen Kollegen distanzieren, sind Allergologen. Ihrer Überzeugung nach können Umweltgifte ebenso gesundheitsschädlich wie infektiöse Kleinstorganismen wirken. Noch heute diagnostizieren viele Schulmediziner bei Patienten, die unter einer multiplen chemischen Sensitivität leiden, eine psychische Erkrankung. Doch Berge von wissenschaftlichen Daten aus Tausenden von dokumentierten SBS-Fällen belegen, daß der von Dr. Randolph entwickelte analytische Ansatz wegweisend ist.

DIE RISIKOGRUPPEN

Menschen reagieren unterschiedlich empfindlich auf Allergene und Umweltgifte. Manche spüren überhaupt nichts, andere leiden unter Niesen, Asthma, Erkrankungen der Lunge und Atemwege bis hin zu Krebs. In den meisten Möbel- oder Teppichgeschäften riecht man schon beim Betreten Formaldehyd und andere flüchtige organische Verbindungen. Oftmals sind Hals- und Augenreizungen oder Irritationen der Atemwege die Folge. Kontaktlinsenträger spüren häufig ein heftiges Brennen in den Augen.

Krankheiten, die durch die Raumluft verursacht werden, entstehen in der Regel durch den langandauernden Kontakt mit einem niedrig konzentrierten Chemiecocktail. Wer diesem Chemiecocktail ausgesetzt ist, muß nicht unbedingt sofort akute Symptome entwickeln. Möglicherweise entwickelt er mit der Zeit aber eine Überempfindlichkeit gegen bestimmte Stoffe, eine multiple chemische Sensitivität. Bei einem späteren Kontakt mit denselben Allergenen genügen dann oft schon winzige Mengen, um akute Reaktionen auszulösen. Eine derart hypersensitive Person kann dann auch auf Staub, Hausmilben, Schimmelsporen, Pollen und manche Lebensmittel allergisch reagieren. Besonders Säuglinge und Kleinkinder leiden unter schlechtem Raumklima. Bei etwa 90 Prozent aller asthmakranken Kinder ist das Leiden allergischer Natur. Dies läßt vermuten, daß Reizstoffe in der Raumluft einschließlich Tabakrauch die Lunge vorgeschädigt haben.

Die Luftverschmutzung von Innenräumen könnte auch für den plötzlichen Kindstod mitverantwortlich sein. Von plötzlichem Kindstod spricht man, wenn Kinder im Alter zwischen zwei Wochen und einem Jahr ohne erkennbaren Grund plötzlich sterben. Die meisten Fälle treten bei zwei bis vier Monate alten Kleinkindern auf. Man hat verschiedene neurophysiologische, immunologische und sonstige Störungen als Ursache vermutet. Auffällig ist, daß der plötzliche Kindstod in der kalten Jahreszeit vermehrt auftritt, zur selben Zeit also, in der auch die Luftqualität besonders schlecht ist. Eine mögliche Erklärung ist, daß Kinder schon vor ihrer Geburt eine Überempfindlichkeit gegen synthetische Chemikalien entwickelt haben. Denn der Fötus ist denselben Umweltgiften wie seine Mutter ausgesetzt, ist aber wegen seines dynamischen Wachstums anfälliger. Auch Zigarettenqualm hat man mit dem plötzlichen Kindstod in Verbindung gebracht.

Die meisten Neugeborenen kommen zu Hause in ein Kinderzimmer, das die glücklichen Eltern frisch gestrichen, mit neuem Teppich ausgelegt, mit neuem Kinderbett, neuer Matratze, neuen Decken, neuer Kleidung und neuem Spielzeug ausgestattet haben. Mit anderen Worten: Sie kommen in einen mit Emissionen chemischer Stoffe angereicherten Raum. Es bleibt zu hoffen, daß die Wissenschaft bald die tatsächlichen Ursachen für den plötzlichen Kindstod entdeckt. Bisher kann man nur feststellen, daß Kleinkinder für diesen Ansturm von Umweltgiften besonders anfällig sind. Vermeiden Sie Plastik und Kunstfasern in Räumen, in denen sich Kinder aufhalten. Lassen Sie Gegenstände aus Kunststoff an der frischen Luft ausdünsten. Gegenwärtig behandeln US-Gerichte Hunderte von Schadenersatzklagen, die wegen des „Sick Building Syndrome" eingereicht wurden. Meist geht es um Schulgebäude, Gerichte, Bürogebäude, Krankenhäuser und Altenheime. Bereits jedes fünfte amerikanische Schulkind soll bereits eine Schule mit nachweislich schlechter Raumluft besuchen.

Teppichböden sind oft die Ursache für ein ungesundes Raumklima. Neuverlegte Bodenbeläge enthalten noch viele chemische Reizstoffe, die sie reichlich an die Luft abgeben; ältere Teppiche dagegen beherbergen Staub, Milben, Mikroorganismen und winzige Feststoffe. Durch den täglichen Gebrauch zerfallen Teppiche allmählich, und kleine Fasern wirbeln bei Luftzug – besonders beim Staubsaugen – durch den Raum. Mikroorganismen können sich auf den Schwebeteilchen festsetzen. Die meisten Teppiche bestehen aus synthetischen Geweben, die mit verschiedenen Klebstoffen verlegt werden. Der Hauptschuldige für die Beeinträchtigung der Luftqualität dürfte nach Aussagen der Forscher der oft verwendete Synthese-Latex (SBR für engl. styrene butadiene rubber) sein.

EIN BLICK NACH VORNE

Natürlich macht der technische Fortschritt das Leben in vieler Hinsicht bequemer und angenehmer. Er nimmt dem einzelnen aber nicht die Aufgabe ab, für seine Gesundheit selbst zu sorgen. Die Gefahren durch die UV-Strahlung der Sonne sind den meisten Menschen inzwischen bekannt; doch auch gegen die wachsende Flut der Umweltgifte gilt es sich zu schützen, um gesund zu bleiben.

Die meisten Fachleute stimmen mittlerweile darin überein, daß die Luftbelastung in Gebäuden zu einem ernsten Krankheitsrisiko geworden ist. Weniger einig sind sie sich darüber, wie dem beizukommen ist. Einfach den Luftaustausch zu erhöhen, wird das Problem nicht lösen. Und eine ständige Reinigung der Innenluft durch technische Geräte ist weder billig noch umweltverträglich.

Ökologisches Bauen wird zwar sowohl bei den Bauträgern als auch bei den Bewohnern immer populärer. So setzt die Bauindustrie zunehmend baubiologisch unbedenkliche Materialien ein und läßt synthetische Baustoffe vor dem Einbau ausgasen; Luftaufbereitungsanlagen werden sorgfältiger daraufhin geprüft, ob sie sauber sind und effektiv arbeiten; Architekten und Ingenieure entwerfen immer häufiger Gebäude, in denen sie schadstoffarme Bodenbeläge, Farben und Möbel verwenden und in denen ein Mindestmaß an Luftbewegung gewährleistet ist. Doch darüber hinaus sollten Hausbesitzer ihre technischen Anlagen regelmäßig warten lassen; und wer neue Möbel oder Teppichböden kauft, sollte sie ebenso wie die Profis einige Zeit ausgasen lassen, bevor sie ins Haus gelangen. Und schließlich sollten auch genügend Grünpflanzen in jede Hausplanung miteinbezogen werden, um sich das großartige Luftreinigungssystem der Natur zunutze zu machen.

2

DIE BIOSPHÄRE

Am Anfang schuf Gott Himmel und Erde.

1. Mose 1

Die Wissenschaft schätzt das Alter unserer Erde auf etwa 4,5 Milliarden Jahre und vermutet, daß Mikroorganismen die ersten Lebensformen waren. Erst Jahrmillionen später kamen Pflanzen hinzu. Damit diese sich entwickeln und überleben konnten, mußten zunächst Mikroorganismen im Boden und Wasser der Erde vorhanden sein, weil sie organische und anorganische Masse derart aufbereiten können, daß Pflanzen sie zur Ernährung verwerten können. Wiederum vergingen viele Millionen Jahre, bis die ersten höheren Lebensformen auftauchten. Pflanzen hatten einen wesentlichen Anteil an dem evolutionären Prozeß, der die Erde von einem hochgiftigen Planeten in das lebendige, selbstregulierende System verwandelte, das wir heute kennen und als Biosphäre bezeichnen – den gesamten Lebensraum, der von der Erdkruste bis zur unteren Schicht der Atmosphäre reicht.

Vereinfacht kann man sich den Planeten Erde als einen lebenden Organismus vorstellen. Die Regenwälder funktionieren als die Lungen des Planeten: Sie produzieren Sauerstoff und bauen Kohlendioxid ab – also genau umgekehrt wie die

Lungen von Menschen und Tieren. Feucht-gebiete arbeiten wie die Nieren der Erde: Sumpf- und Wasserpflanzen filtern Nährstoffe und Gifte aus dem Wasser, während es seinen Weg zurück in die Bäche, Flüsse und Meere findet – vergleichbar den menschlichen Nieren, die Unreinheiten aus dem Blut entfernen.

Evolutionäre Prozesse haben in Milliarden von Jahren die Erde in einen dynamischen Planeten verwandelt. Durch die Photosynthese – also die Umwandlung von Kohlendioxid und Wasser in Energie durch Licht – erzeugen höhere Pflanzen Sauerstoff, der für viele Lebewesen zum Atmen benötigt wird. Der Sauerstoffgehalt wäre schnell aufgezehrt, wenn nicht durch Photosynthese permanent neuer Sauerstoff produziert würde. Luftströme verteilen den Sauerstoff über die ganze Erde. Vielerorts erzeugt die Vielfalt einheimischer Pflanzen mikroklimatische Zonen. Die geographischen und biologischen Besonderheiten ebenso wie Eingriffe durch den Menschen bestimmen entscheidend mit, welche Umwelt- und Klimabedingungen an einem Ort vorherrschen. Werden in einer Region beispielsweise Bäume oder andere Pflanzen in großem Umfang vernichtet, verändert dies sowohl Bodenbeschaffenheit als auch Wetterbedingungen.

Pflanzen dienen dem Menschen auf vielerlei Art: Eßbare Pflanzen liefern lebensnotwendige Nährstoffe; manche Pflanzen enthalten Stoffe, die als Medizin Verwendung finden; andere werden als Baustoffe eingesetzt, und industriell verwertbare Fasern wie Baumwolle, Flachs und Hanf werden vielseitig genutzt. Und auch die fossilen Brennstoffe wie Erdöl oder Kohle waren ursprünglich einmal Pflanzen. Heute gibt es etwa 400 000 Pflanzenarten auf der Welt; die meisten findet man in den tropischen Regionen um den Äquator.

Die pflanzliche Photosynthese ist unverzichtbar für die Existenz aller höheren Lebens-formen und darüber hinaus ein Prozeß von kaum vorstellbarer Größenordnung. Schätzungsweise 170 Milliarden Tonnen Pflanzenmasse (Trockengewicht) werden durch diesen Prozeß Jahr für Jahr erzeugt. Durch jede einzelne Tonne dieser neugeschaffenen Biomasse gewinnt die Atmosphäre knapp 1,3 Tonnen Sauerstoff und verliert etwas mehr als 1,6 Tonnen Kohlendioxid. Amerikanische und russische Weltraumstudien haben gezeigt, daß ein Astronaut pro Tag etwa 900 Gramm Sauerstoff verbraucht und etwa 1100 Gramm Kohlendioxid ausatmet. Wenn man diese Zahlen zugrunde legt, müssen bei der Photosynthese täglich etwa 690 Gramm neuer Biomasse erzeugt werden, um den Sauerstoffverbrauch eines Erwachsenen auszugleichen.

DIE PFLANZE ALS INDIVIDUUM

Bei genauer Betrachtung erkennt man, daß sich jede Pflanze ihr eigenes Mini-Ökosystem schafft. Ob es ein mächtiger Baum oder eine kleine Wiesenblume ist: Jede Pflanze erzeugt um ihre Blätter und Wurzeln herum einen eigenen Mikrokosmos. Nur durch die biologische Aktivität dieser individuellen Sphäre kann die Pflanze leben und wachsen. Dem menschlichen Betrachter mögen Pflanzen statisch vorkommen, wissenschaftlich betrachtet sind sie jedoch äußerst dynamisch, denn sie umgeben ihre Blätter und Wurzeln mit einer Vielzahl selbst geschaffener komplexer, unsichtbarer Stoffe, die ihnen Schutz und ein gesundes Gedeihen garantieren. Der Boden um Pflanzenwurzeln herum, die Rhizosphäre, sprudelt vor biologischer Aktivität. Beständig geben die Wurzeln organische Substanzen an die Rhizosphäre ab. Die Populationen der Mikroorganismen sind innerhalb dieses aktiven Ökosystems meist viel größer als im Boden, der weiter von den Wurzeln entfernt liegt. Jede Pflanze gibt eine komplexe Mischung aus Zuckern, Aminosäuren, Hormonen, organischen Säuren und anderen Stoffen ab, die das Wachstum lebenswichtiger Mikroorganismen fördert und schädliche Mikroorganismen fernhält. Art und Menge der Mikroorganismen unterscheiden sich bei jeder Pflanze abhängig davon, wo sie wächst. Von den Stoffen, die Pflanzen über ihre Blätter abgeben, weiß man noch recht wenig. Auch sie könnten nützliche Funktionen erfüllen, sie scheinen zum Beispiel den Feuchtigkeitspegel zu steuern und die Pflanze vor dem Befall durch Schädlinge oder luftlebende Mikroorganismen zu schützen.

PHOTOSYNTHESE

Damit man seinen Hauspflanzen bestmögliche Lebensbedingungen bieten kann, sollte man einige grundsätzliche Kenntnisse darüber haben, wie sie biologisch funktionieren. Wie alle Lebewesen brauchen Pflanzen Zucker als Energiespender. Sie unterscheiden sich jedoch von Tieren unter anderem dadurch, daß sie mit Hilfe der Photosynthese ihre Kohlenhydrate selbst herstellen. Dazu brauchen sie Licht.

Pflanzen absorbieren durch winzige Spaltöffnungen in ihren Blättern, den sogenannten Stomata, Kohlendioxid aus der Luft. Ihre Wurzeln nehmen Feuchtigkeit aus dem Erdboden auf. Vor allem Chlorophyll und andere Farbstoffe absorbieren die Strahlungsenergie der Sonne. Mit Hilfe dieser Energie spalten die Pflanzen Wassermoleküle in Sauerstoff und Wasserstoff. In komplexen chemischen Reaktionen bilden die Pflanzen aus Wasserstoff und Kohlendioxid dann Zucker (Glucose bzw. Stärke), aus denen sie ihren Körper aufbauen, und geben den freigewordenen Sauerstoff als „Abfallprodukt" an die Atmosphäre zurück.

Die Zucker dienen nicht nur der Ernährung, sondern liefern der Pflanze auch Energie, um andere lebenswichtige Substanzen zu synthetisieren und somit die Biosphäre mit riesigen Energiemengen anzureichern. Die Lebensprozesse aller Organismen erfordern eine ständige Aufnahme von Stoffen und Abgabe von Energie. Ohne diesen Energiefluß würde jegliches Leben auf unserem Planeten bald sterben. Darüber hinaus sind alle der vielen organischen Bestandteile, die die Zellstruktur der Lebewesen im wesentlichen ausmachen, ursprünglich aus Zuckern oder anderen organischen Stoffen entstanden, die Pflanzen durch Photosynthese erzeugt haben.

ATMUNG (RESPIRATION)

Atmung ist der Prozeß, bei dem Nahrung (letztlich Zucker) sich mit Sauerstoff verbindet, biologisch „verbrennt" und dabei Energie und Wärme freisetzt. Grundsätzlich ist Atmung also ein chemischer Vorgang der Oxidation oder langsamen Verbrennung. Anders als bei der Verbrennung im üblichen Sinn verläuft sie allmählich, ohne daß der sonst typische rasche Wärmeüberschuß entsteht.

Während des Atmens werden Sauerstoff und Zucker verbraucht (oxidiert), um Energie zur Herstellung anderer, für das Wachsen und Überleben notwendiger Stoffe zu erzeugen. Als Abfallprodukte entstehen dabei Kohlendioxid und Wasser, die ebenso wie ein möglicher Wärmeüberschuß an die Atmosphäre abgegeben werden.

TRANSPIRATION

Die Wasserdampfabgabe von Pflanzen, also das Verdunsten von Wasser aus den Blättern einer Pflanze, nennt man Transpiration. In Kombination mit der Wasserverdunstung aus der Erde (Evaporation) spricht man von Evapotranspiration. Die wächserne Oberhaut (Cuticula) auf der Blattoberfläche läßt nur wenig Diffusion zu, so daß Wasserdampf, Sauerstoff und andere Gase überwiegend durch die Spalt-

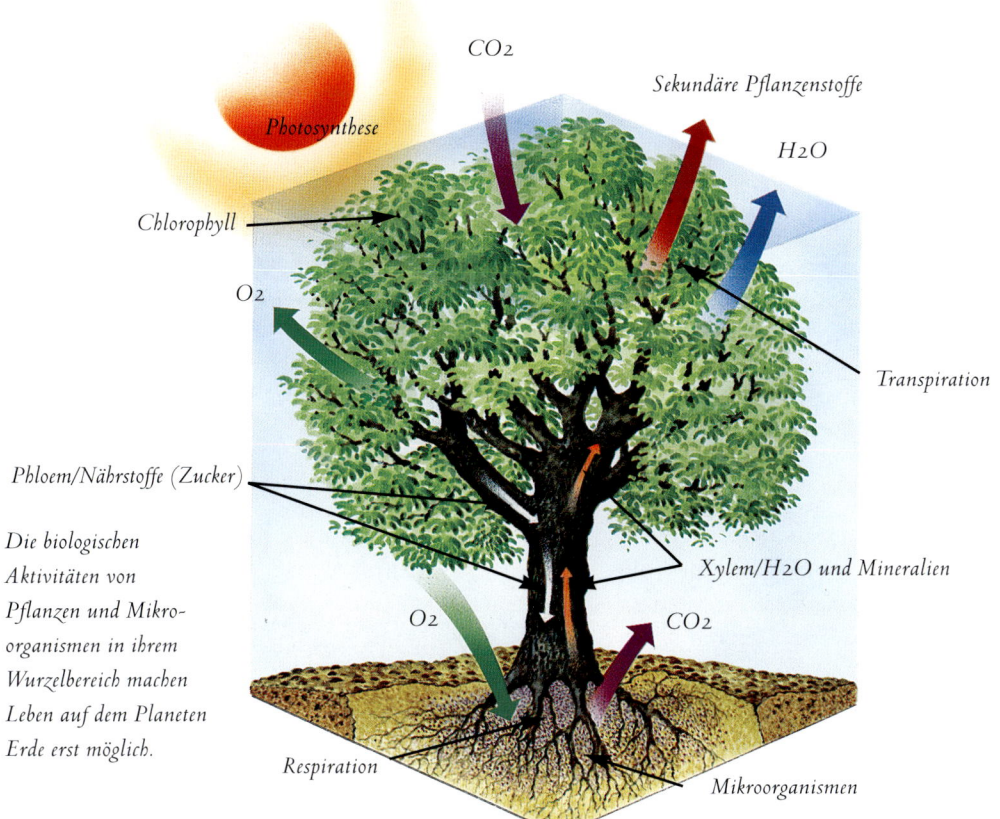

CO₂

Photosynthese

Sekundäre Pflanzenstoffe

H₂O

Chlorophyll

O₂

Transpiration

Phloem/Nährstoffe (Zucker)

Die biologischen Aktivitäten von Pflanzen und Mikroorganismen in ihrem Wurzelbereich machen Leben auf dem Planeten Erde erst möglich.

Xylem/H₂O und Mineralien

O₂

CO₂

Respiration

Mikroorganismen

öffnungen (Stomata) nach außen gelangen. Diese kleinen Öffnungen liegen zumeist an den Ober- und Unterseiten der Blätter, manchmal auch nur an den Unterseiten. Sie werden von zwei Schließzellen umschlossen, deren Wasserdruck das Öffnen und Schließen steuert. Sobald die Wurzeln einer Pflanze nicht mehr genügend Wasser bekommen, werden die Stomata geschlossen, um zu verhindern, daß weiteres Wasser verlorengeht. Wenn Pflanzen mehr Wasser verdunsten, als sie durch ihre Wurzeln aufnehmen, welken sie.

Viele weitere Umweltfaktoren beeinflussen das Öffnen und Schließen der Stomata. So öffnen sich die Poren der meisten Pflanzen bei Sonnenaufgang und schließen sich, wenn es dunkel wird. Einige Pflanzen, darunter viele Sukkulenten, Orchideen und Bromelien, gehen genau umgekehrt vor: Ihre Stomata öffnen sich nachts. Dies soll in erster Linie an heißen Sonnentagen helfen, Wasser zu sparen.

Welchen Zweck die Transpiration erfüllt, wird von Pflanzenphysiologen seit vielen Jahren

diskutiert. Eine mögliche Erklärung ist der Luftstrom, der durch eine hohe Ausdünstungsrate entsteht. Größere Temperaturunterschiede zwischen der Blattoberfläche und der Umluft verursachen einen leichten Luftstrom selbst dann, wenn sonst keine Luftbewegung herrscht. Das ist besonders für jene Pflanzen wichtig, die im Wald unter einem dichten Blätterdach leben, wo sich selten ein Lüftchen rührt. Einige dieser Pflanzen, darunter fast alle der gebräuchlichen Zimmerpflanzen, entwickeln bei ihrer Photosynthese eine ungewöhnlich hohe Umsatzrate. Nur so können sie im Dämmerlicht des Urwaldes überleben. Auch ihre Transpirationsrate ist oft sehr hoch: Ebenso rasch, wie das Wasser von den Wurzeln aus durch die Pflanze nach oben wandert, dringt Luft ins Erdreich und reichert es mit Stickstoff und Sauerstoff an. Mikroorganismen im Erdreich wandeln den gasförmigen Stickstoff der Luft in Nitrat um, das den Pflanzen wiederum als Nahrung dient.

Die Fähigkeit der Pflanzen, durch ihren Stoffwechsel eine Luftbewegung zu erzeugen, ist für eine erfolgreiche Entfernung von Giftstoffen aus der Luft von Innenräumen mit Hauspflanzen ausschlaggebend. Weil die Innenluft meist recht trocken ist, sorgt eine hohe Transpiration dafür, daß schadstoffbelastete Luft zügig an die Wurzelregion befördert wird, wo Mikroorganismen diese Gase in nutzbare Nährstoffe umwandeln.

TRANSPORT VON NÄHRSTOFFEN

Die Blätter einer Pflanze produzieren nicht nur den für uns so wichtigen Sauerstoff, sondern spielen auch eine wichtige Rolle bei der Gesunderhaltung der Pflanze und ihrer Wurzelmikroben. Die Aufnahme von Kohlendioxid über die Blätter und der Transport von chemischen Stoffen sind lebenswichtige Prozesse.

Der Transport von Stoffen über größere Entfernungen erfolgt bei Pflanzen in spezialisierten Gewebesystemen, dem Xylem und dem Phloem. Die Leitbahnen des Xylems transportieren Wasser und vor allem Nährsalze aus der Wurzel in den Sproß und die Organe (insbesondere die Blätter). Zucker und andere Nährstoffe werden durch das Phloem von den Blättern in alle anderen Zellen der Pflanze befördert. Die Xylem- und Phloembahnen sind jeweils durch sekundäre Leitbahnen miteinander verbunden, die es ihnen gestatten, die Hauptflußrichtung von Wasser (nach oben) und Nährstoffen (nach unten) unter bestimmten Umständen umzukehren.

Untersuchungen haben erwiesen, daß einige organische Stoffe, die man auf Blätter aufbrachte, nicht nur bis in die Wurzel, sondern sogar in die umliegende Erde getragen wurden. Auf dieser Eigenschaft der Pflanze basiert übrigens die Wirkweise vieler Insektizide.

Die organischen Chemikalien, die aus der Atmosphäre in die Rhizosphäre befördert werden, beeinflussen ohne Zweifel die Art und Menge der Mikroorganismen im Wurzelbereich der Pflanze. Dies ist wichtig für das Verständnis, wie Hauspflanzen flüchtige organische Stoffe aus der Raumluft aufnehmen und diese unverändert in die Wurzelregion befördern, wo sie von Mikroorganismen zerlegt werden. Manche organischen Verbindungen, die von Pflanzen auf diesem Weg aus der Luft absorbiert werden, zerstört die Pflanze durch eigene biologische Prozesse, ohne daß bodenlebende Mikroorganismen in Aktion treten.

EMISSIONEN DER PFLANZENBLÄTTER

Pflanzen geben eine Vielzahl von Stoffen in die umgebende Luft ab. Der besten untersuchte und verstandene Prozeß ist die Wasserdampfabgabe. Pflanzen spielen eine ganz entscheidende Rolle für den Feuchtigkeitspegel der Luft und damit die Klimabedingungen der Atmosphäre. Den in der Atmosphäre enthaltenen Wasserdampf bezeichnet man als Luftfeuchtigkeit. Die relative Feuchtigkeit gibt die in der Luft vorhandene Menge an Wasserdampf im Verhältnis zur Menge an, welche die Luft bei gegebener Temperatur höchstens aufnehmen könnte. 50 Prozent relative Luftfeuchtigkeit bedeuten demnach, daß die Luft genau halb soviel Wasser enthält, wie sie aufnehmen kann, bevor sie ihren Sättigungspunkt erreicht und kondensiert. Wenn feuchtwarme Luft aufsteigt, kühlt sie allmählich ab, bis ihre relative Feuchtigkeit 100 Prozent beträgt. Dann bilden sich Wolken, aus denen unter bestimmten Umständen diese Feuchtigkeit als Niederschlag abregnet.

Flüchtige Substanzen, die von Pflanzenblättern abgegeben werden, steuern anscheinend Art und Menge der Mikroorganismen und Schimmelsporen in der Luft.

MIKROORGANISMEN IM WURZELBEREICH

Der Erdboden beherbergt eine Vielzahl unterschiedlicher Kleinstorganismen. Sie bereiten Stoffe so auf, daß sie für die Pflanze verwertbar sind, geben Nährsalze ab, zerlegen organischen Abfall und entschärfen Umweltgifte, die in den Boden gelangen. Ihre Arbeit ist für die Fruchtbarkeit des Bodens und das Pflanzenwachstum lebenswichtig. Allerdings wirken nicht alle Mikroorganismen zum Nutzen der Pflanze; einige verursachen Krankheiten oder konkurrieren mit Pflanzen um dieselben Nährstoffe.

Die unmittelbare Umgebung der Wurzeln, die Rhizosphäre, enthält wegen der dort verfügbaren Nahrung mehr Mikroorganismen als die übrige Erde. Viele organische Verbindungen aus den Wurzeln oder abgestorbene Wurzelzellen dienen den Mikroorganismen als Nahrung. Die Wissenschaft hat in den vergangenen 50 Jahren erforscht, wie sich Stoffe, die von den Wurzeln abgegeben werden, selektiv auf Mikroorganismen auswirken: Bestimmte Gruppen werden gefördert, andere unterdrückt. Offenbar ist jede Pflanze von Natur aus mit einem entsprechend wirkenden genetischen Code ausgestattet.

Mikroorganismen verhelfen ihrer Wirtspflanze in vielerlei Weise zu einem gesunden Wachstum. Sie vertreiben beispielsweise solche Mikroorganismen, die der Pflanze schaden könnten, oder verarbeiten Laub und sonstige organische Abfälle zu verwertbaren Nährstoffen. Manche Stoffe, die Pflanzenwurzeln ausscheiden, stimulieren eine rasche Vermehrung, Tod und Zerfall von Mikroorganismen, deren Zellen der Pflanze ebenfalls als Nahrung dienen.

Mikroorganismen sind hoch adaptive Lebewesen; sie können in relativ kurzer Zeit mutieren, um sich an Änderungen ihrer Umwelt anzupassen. Besonders einige Bakterien, die in der Rhizosphäre bestimmter Pflanzen häufig vorkommen, stellen sich rasch auf die Verwertung immer neuer Umweltgifte ein. Die kooperative Beziehung zwischen Pflanzen und Mikroorganismen ist nicht nur für die Pflanze bedeutsam, sondern auch für eine gesunde Umwelt für Tiere und Menschen.

SEKUNDÄRE PFLANZENSTOFFE

Die von Pflanzen außerhalb der Photosynthese hergestellten Substanzen nennt man sekundäre Pflanzenstoffe. Sie entstehen in Blättern oder werden durch Wurzeln ausgeschieden und vermindern die Nahrungskonkurrenz durch andere Pflanzen oder schützen die Pflanze gegen schädliche Mikroorganismen, Insekten und andere Tiere.

Viele unserer wichtigsten Medikamente stammen (ursprünglich) aus sekundären Pflanzenstoffen. Bekannte Beispiele sind Aspirin, das aus der Weidenrinde stammt; das Malariamittel Chinin, das aus der Chinarinde stammt; das Herzstimulantium Digitalis, das aus dem Fingerhut (*Digitalis purpurea*) stammt, sowie das neue Krebstherapeutikum Taxol, das aus einem Eibenbaum (*Taxus brevifolia*) stammt. Hunderte weiterer gebräuchlicher Arzneien sind Pflanzenderivate. Dabei steckt die Forschung nach Pflanzen, aus denen sich neue Pharmazeutika gewinnen lassen, noch in den Anfängen. Dieser Bereich der medizinischen Forschung gehört zu den vielversprechendsten Wissenschaftsdisziplinen. Jedes Mal, wenn wir eine Pflanze aussterben lassen, geht vielleicht ein wertvoller medizinischer Rohstoff unwiederbringlich verloren.

Ob man die Welt vom Weltall aus oder vom Mikrokosmos einer Wiesenblume her betrachtet: Es herrscht eine hochdynamische Aktivität. Und viele der symbiotischen Beziehungen, die das Leben auf unserem Planeten bestimmen, finden auch in winzigsten Maßstäben statt. Komplexe Wechselwirkungen tragen dazu bei, die Erde zu einem lebensfreundlichen Planeten zu machen. Alle Lebensformen haben ein feines Netz gegenseitiger Abhängigkeiten gewoben, und wir Menschen sollten versuchen, diese Lebensprozesse mit unserem technologischen Know-how im Gleichgewicht zu halten, damit die Biosphäre nicht stirbt.

3

„Die höchste Aufgabe der Pflanzen ist nicht allein, unser Auge durch Farben und unseren Mund durch köstliche Früchte zu erfreuen. Sie tun all dies, aber ebenso leise und gewissenhaft entfernen sie Unreinheiten und Gifte aus der Luft und aus der Erde, welche um uns sind; und ein jedes Haus, in welchem gesunde Pflanzen gedeihen, wird wohl sauberer und gesünder für uns sein, als wenn die Pflanzen nicht da wären."

Wahrscheinlich aus „Ladies' Floral Cabinet",
19. Jahrhundert

WIE HAUSPFLANZEN

DIE LUFT REINIGEN

Allmählich erkennen auch Wissenschaftler an, was Gärtner schon seit Jahrzehnten wissen: Das Kultivieren von Pflanzen wirkt Streß entgegen und reinigt gleichzeitig die Umwelt. Immer wieder bestätigen Studien, daß die Beschäftigung mit Pflanzen in Haus und Garten in jedem Alter zum Erhalt der geistigen und körperlichen Gesundheit beiträgt. Diese wohltuende Wirkung auf den Menschen ist meßbar. Auch deshalb ist das Kultivieren von Pflanzen, besonders von Zimmergewächsen, inzwischen zum liebsten Steckenpferd vieler Menschen geworden.

Pflanzen vermögen Wohn- und Arbeitsräume nicht nur zu verschönern, sie scheinen auf die meisten Menschen auch beruhigend zu wirken. Pflanzen vermitteln Freude und Entspannung. So wundert es auch nicht, daß Unternehmen mittlerweile ihre Arbeitsplätze stilvoll begrünen, um die Produktivität zu erhöhen und Fehlzeiten zu verringern. Hotels, Restaurants und Konferenzräume werden gleichermaßen mit Pflanzen

ausgestattet, um Gästen und Kunden eine angenehme Atmosphäre zu bieten.

Pflanzenstudien der NASA

Als die NASA an den Plänen für eine bemannte
Mondbasis arbeitete, beschäftigte man sich auch
mit der Entwicklung eines lebenserhaltenden,
geschlossenen ökologischen Systems.
Skylab-Flüge zeigten jedoch, daß die Luftqua-
lität in geschlossenen Räumen ein schwieriges
Problem darstellte. Messungen mit einem hoch-
empfindlichen Gas-Chromatographen und
einem Massenspektrometer spürten in der
Kapsel während des Aufenthaltes der
Astronauten mehr als 300 flüchtige organische
Verbindungen auf.

1980 wies man im John C. Stennis-Welt-
raumzentrum nach, daß Zimmerpflanzen in der
Lage waren, diese Substanzen aus der Luft ver-
siegelter Testkammern herauszufiltern. NASA-
Studien aus dem Jahr 1984 zeigten, daß
Pflanzen aus solchen Testkammern auch in der
Lage waren, Formaldehyd aus der Luft zu
filtern.

Begeistert nahmen die amerikanischen Heimgärtner und Floristen diese Neuigkeiten auf.
Der Verband der Landschaftsgärtner finanzierte
daraufhin eine zweijährige Studie, um die Fähigkeit von zwölf gebräuchlichen Zimmerpflanzen
zu prüfen, Formaldehyd, Benzol und das
Lösungsmittel Trichlorethylen aus der Luft versiegelter Testräume zu entfernen.
Die positiven Ergebnisse dieser Studie ermutig-
ten den Verband, einen Verein ins Leben zu
rufen, der die Kultivierung von Zimmerpflanzen zur Reinhaltung der Innenluft fördern
soll.

Das „Biohaus" der NASA

Natürlich meldeten sich auch Kritiker zu Wort.
Bezweifelt wurde vor allem, ob man die Ergebnisse aus versiegelten Kammern auf die realen
Lebensverhältnisse übertragen könne. Um diesen und vielen anderen Einwänden zu begegnen,
entwickelte die NASA in der Folgezeit ein klei-
nes, versiegeltes Gebäude – das sogenannte
„Biohaus".

Dieses futuristisch entworfene Häuschen
sollte so gut wie möglich luft- und wärmeisoliert sein. Das Innere war aus Kunststoffen
gefertigt; deshalb erwartete man Emissionen
zahlreicher flüchtiger organischer Substanzen.
Besucher, die das Biohaus betraten, klagten
tatsächlich über Brennen in Hals oder Augen
und Atembeschwerden.

Die NASA-Forscher entnahmen zunächst
Luftproben und plazierten dann Zimmerpflanzen, insgesamt sechs große Philodendren, und
einen mit Efeututen (*Epipremnum aureum*)
bestückten Aktivkohle-Pflanzenfilter im Gebäude. Dieser Filter entsprach in seiner Kapazität,
flüchtige organische Verbindungen zu vernich-
ten, etwa 15 Hauspflanzen. Luftproben, die
einige Tage später entnommen wurden, zeigten
einen deutlichen Rückgang an flüchtigen organischen Verbindungen. Diese chemische Analyse
war als wissenschaftlicher Beweis natürlich
wertvoll, aber mindestens ebenso überzeugend
war, daß fortan niemand mehr, der das Biohaus
betrat, an den typischen Beschwerden des „Sick
Building Syndrome" litt.

Nach Abschluß dieser Studien wohnte sogar
während des Sommers 1989 ein Student in
diesem Biohaus und hatte keine Probleme mit
der Luftqualität. Zimmerpflanzen waren
somit nachweislich erfolgreich eingesetzt worden, um in einem Gebäude saubere Luft zu produzieren. Früher hatte man Pflanzen nur nach
ihrer Schönheit ausgewählt. Heute ist es eine
wissenschaftliche Tatsache, daß sie auch die
Luft, die wir zum Atmen brauchen, sauberhalten.

Das NASA-Biohaus von außen.

Luftreinigung und Abwasser-aufbereitung im Biohaus.

Eß- und Wohnbereich des Biohauses.

WIE PFLANZEN FORMALDEHYD AUS DER LUFT FILTERN

Nach den aufsehenerregenden Ergebnissen der NASA wurden mit öffentlichen und privaten Geldern weiterführende Forschungen betrieben. Bis heute sind 50 Zimmerpflanzen auf ihre Fähigkeit hin untersucht worden, verschiedene giftige Gase aus der Luft versiegelter Testräume zu entfernen. Weil Formaldehyd das verbreitetste dieser Gifte ist, wurde sein Gehalt in der Innenraumluft als Maßstab für die Reinigungskraft der Pflanzen genommen. Kaum ein anderer Stoff hat in den letzten 15 Jahren so viel kontroverse Debatten ausgelöst wie Formalde-

Abbau von Formaldehyd durch Zimmerpflanzen

Pflanze	Mikrogramm/Stunde	Pflanze	Mikrogramm/Stunde
Schwertfarn 'Bostoniensis'	████████████████████	Kolbenfaden	███████
Chrysantheme	████████████████	Grünlilie	███████
Gerbera	█████████████	Zwergbanane	████████
Zwergdattelpalme	█████████████	Philodendron erubescens	███████
Drazäne 'Janet Craig'	█████████████	Dieffenbachia camilla	██████
Chamaedorea seifrizii	████████████	Philodendron domesticum	██████
Nephrolepis obliterata	████████████	Efeutute	█████
Gummibaum	███████████	Zimmertanne	█████
Efeu	████████████	Schiefblatt	█████
Birkenfeige	█████████	Marante 'Kerchoveana'	█████
Einblatt	█████████	Klimme	████
Arecapalme	█████████	Weihnachtskaktus	████
Drazäne 'Massangeana'	█████████	Philodendron selloum	████
Steckenpalme	████████	Purpurtute	████
Schefflera	████████	Philodendron scandens	████
Drachenbaum	████████	Flamingoblume	████
Drazäne 'Warneckei'	███████	Korbmarante	████
Schlangenwurz	███████	Weihnachtsstern	████
Dendrobium	████████	Alpenveilchen	████
Dieffenbachia 'Exotica'	███████	Nachtfalterorchidee	████
Tulpe	██████	Lanzenrosette	███
Ficus 'Alii'	██████	Croton	███
Homalomena	██████	Bogenhanf	██
Chamaedorea elegans	██████	Echte Aloe	██
Azalee	█████	Flammendes Käthchen	██

hyd. Dieses Gas kommt in vielen alltäglichen Gegenständen vor: Müllsäcken, Papierhandtüchern, Erfrischungstüchern, Stoffen, bügelfreier Kleidung, Teppichböden, Anstrichfarben und Klebstoffen. Gasherde setzen es frei, und es ist in Zigarettenrauch enthalten. Man verwendet es in Baustoffen wie Sperrholz und Spanplatten, die massenhaft zum Bau von Wohn- und Büromöbeln verwendet werden, ebenso wie in Holzvertäfelungen.

Formaldehyd wirkt stark reizend auf die Schleimhäute und verursacht Entzündungen der Atemwege; überdies steht es im Verdacht, Veränderungen im Erbmaterial, Krebs, Asthma und

Abbau von Xylol und Toluol durch Zimmerpflanzen (die 14 besten)

Pflanze	Mikrogramm/Stunde
Arecapalme	■■■■■■■■■■■■■■■■■■■
Zwergdattelpalme	■■■■■■■■■■■■■■■■■■
Nachtfalterorchidee	■■■■■■■■■■■■■■■■
Dieffenbachia 'Camilla'	■■■■■■■■■■■
Drachenbaum	■■■■■■■■■■
Schlangenwurz	■■■■■■■■■■
Dieffenbachia 'Exotica'	■■■■■■■■■
Homalomena	■■■■■■■■■
Nephrolepis obliterata	■■■■■■■■■
Drazäne 'Warneckei'	■■■■■■■■
Flamingoblume	■■■■■■■
Drazäne 'Massangeana'	■■■■■■■
Birkenfeige	■■■■■■
Einblatt	■■■■■

chemischen Eigenschaften gemeinsam aufgeführt. In welchen Stoffen diese Lösungsmittel enthalten sind, ist der Tabelle im ersten Kapitel zu entnehmen.

Viele Zimmerpflanzen sind auf ihre Fähigkeit, flüchtige Substanzen abzubauen, untersucht worden. Beispielhaft sehen Sie rechts die Ergebnisse für das Einblatt (*Spathiphyllum* spec.).

Skeptiker haben eingewendet, daß Pflanzen, die im Laufe ihres Lebens ständig Giftstoffe aus der Luft filtern, diese speichern müßten. Daran würden sie sterben, die Gifte würden nach ihrem Tod wieder an die Luft abgegeben. Um dies zu überprüfen, richtete man zwei Testkammern ein: Die erste wurde mit Paneelen und formaldehydhaltigem Harnstoffharz getäfelt

Nervenleiden hervorzurufen. Formaldehyd hat bei Experimenten mit Nagetieren eindeutig Krebsgeschwüre erzeugt; ob es auch bei Menschen karzinogen wirkt, ist allerdings umstritten.

Wie gut die 50 untersuchten Pflanzen Formaldehyd abbauen, zeigt die Tabelle auf Seite 23. In den beiden Tabellen auf Seite 24 sind die Pflanzen aufgeführt, die beim Abbau von anderen Chemikalien besonders gute Werte erzielten. Aber die Untersuchungen sind noch nicht abgeschlossen, so daß es durchaus möglich ist, daß in Zukunft neue Spitzenreiter in diesem natürlichen Reinigungsgewerbe gefunden werden. Xylol und Toluol wurden wegen ihrer ähnlichen

Abbau von Ammoniak durch Zimmerpflanzen (die 14 besten)

Pflanze	Mikrogramm/Stunde
Steckenpalme	■■■■■■■■■■■■■■■■■■■■■
Homalomena	■■■■■■■■■■■■■
Schlangenwurz	■■■■■■■■■■■■
Flamingoblume	■■■■■■■■■■
Chrysantheme	■■■■■■■■■
Korbmarante	■■■■■■■
Dendrobium	■■■■■■■
Tulpe	■■■■■■
Chamaedorea elegans	■■■■■■
Purpurtute	■■■■■
Birkenfeige	■■■■
Einblatt	■■■■
Drazäne 'Massangeana'	■■■
Azalee	■■■

Abbau von Chemikalien durch das Einblatt

Verbindung	Mikrogramm/Stunde
Azeton	■■■■■■■■■■■■■■
Methylalkohol	■■■■■■■■■
Ethylazetat	■■■■■■
Benzol	■■■■■
Ammoniak	■■■
Trichlorethylen	■■
Formaldehyd	■
Xylol	▪

WEITERE ASPEKTE DER LUFTQUALITÄT IN INNENRÄUMEN

Wie beschrieben, verschlechtern auch menschliche Ausdünstungen die Raumluft. Die vier bedeutendsten dieser Bio-Effluvien, die in einem Klassenzimmer gemessen wurden, sind in der untenstehende Tabelle aufgeführt. Aus ihr geht auch hervor, wie effektiv Hauspflanzen diese Bio-Effluvien aus der Luft entfernen können.

Das Raumklima wird aber nicht nur durch Bio-Effluvien und flüchtige organische Verbindungen beeinträchtigt, sondern auch durch eine geringe relative Feuchtigkeit sowie durch schwebende Mikroorganismen wie beispielsweise Schimmelsporen. Trockene Luft herrscht meist während der Wintermonate; sie reizt empfindliche Schleimhäute in Nase und Hals und macht sie anfällig für chemische Dämpfe, Viren, Schimmelsporen, Staub und Allergene.

Pflanzen geben auch sekundäre Pflanzenstoffe ab, die Bakterien und Schimmelsporen in der umgebenden Luft vermindern. Neuere Forschungsergebnisse zeigen, daß mit Pflanzen ausgestattete Räume 50–60 Prozent weniger solcher Bakterien und Sporen enthalten als

und enthielt eine Steckenpalme. Die zweite Kammer war ebenso vertäfelt, enthielt aber nur einen Becher mit Wasser, um den gleichen Feuchtigkeitspegel wie in der ersten Kammer herzustellen, denn hier erhöhte die Ausdünstung der Palme natürlich den Wassergehalt der Luft.

Das Ergebnis war eindeutig: Die Steckenpalme filterte die Formaldehyddämpfe mit zunehmender Effizienz. Schäden an der Pflanze waren nicht festzustellen. Studien mit anderen Zimmerpflanzen haben ergeben, daß auch diese ihre „Entgiftungsrate" nach etwa 24 Stunden zunehmend steigern konnten. Pflanzen dürften also tatsächlich eine wichtige Rolle dabei spielen, Schadstoffe aus der Luft zu ziehen und sie an die Mikroorganismen im Wurzelbereich weiterzureichen, wo sie zersetzt werden. Wie gut die Mikroorganismen ihre Aufgabe bewältigen, entscheidet letztlich darüber, welche Qualität die Pflanze bei der Luftentgiftung aufweist.

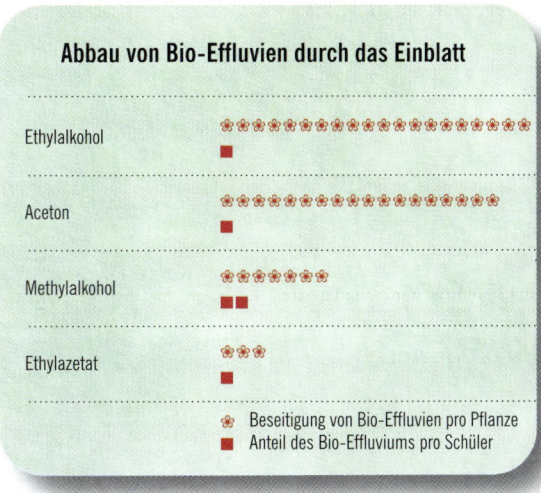

Abbau von Bio-Effluvien durch das Einblatt

Ethylalkohol	✿✿✿✿✿✿✿✿✿✿✿✿✿✿✿✿✿✿✿
	■
Aceton	✿✿✿✿✿✿✿✿✿✿✿✿✿✿✿
	■
Methylalkohol	✿✿✿✿✿✿
	■■
Ethylazetat	✿✿✿
	■

✿ Beseitigung von Bio-Effluvien pro Pflanze
■ Anteil des Bio-Effluviums pro Schüler

Wasserdampfemission von Zimmerpflanzen

Relative Feuchtigkeit	Liter/24 Stunden
50 Prozent Luftfeuchtigkeit	■■ ✱✱✱✱✱
36 Prozent Luftfeuchtigkeit	■■■■■ ✱✱✱✱✱✱✱✱

■ Ficus alii
✱ Arecapalme

Räume ohne Pflanzen. Diesen Effekt verdeutlicht die Tabelle rechts. Vermutlich geben Pflanzen solche sekundären Pflanzenstoffe ab, um sich selbst gegen Angriffe von Mikroorganismen aus der Luft zu schützen.

Nach mehr als 15 Jahren intensiver Forschungsarbeit sowohl in Versuchsräumen als auch unter den Bedingungen des Alltags, verstehen wir nun, durch welche Abläufe Pflanzen unsere Luft sauberhalten. Die meisten Zimmerpflanzen stammen ursprünglich aus tropischen Gegenden, wo sie sich über Millionen von Jahren zumeist unter dem Blätterdickicht der Regenwälder entwickelten. Sie gedeihen am besten in einer schattigen, warmen und feuchten Umgebung. Die Natur hat diese Pflanzen mit der Fähigkeit ausgestattet, in ihrem Wurzelbereich Mikroorganismen zu beheimaten, die komplexe organische Strukturen, wie man sie im Bodenlaub findet, zerlegen können. Pflanzen vermögen auch Gase über ihre Blätter aufzunehmen, diese zu verarbeiten oder an ihre Wurzeln zu transportieren, wo sie den Mikroorganismen als Nahrung dienen können. Über die Transpiration wird ein ähnlicher Effekt erzielt: Hohe Verdunstungsraten erzeugen Konvektionsströme, durch die Giftgase in die Rhizosphäre gelangen.

Der Wasserfluß von den Wurzeln in den oberen Bereich der Pflanze bewirkt einen Luftstrom in entgegengesetzter Richtung in die Erde. Damit versorgen Pflanzen auch ihre Wurzelmikroben mit Sauerstoff und Stickstoff. Ein Teil des Stickstoffgases wird von den Mikroorganismen in Nitrat umgewandelt, einem wichtigen Pflanzennährstoff.

DIE PERSÖNLICHE ATEMZONE

Die persönliche Atemzone ist ein Raum von $0{,}17\text{–}0{,}23\ \text{m}^3$, der ein Individuum umgibt. Gewöhnlich hält sich der Betreffende längere Zeit darin auf, beispielsweise am Schreibtisch, vor dem Fernsehgerät oder im Schlaf. Pflanzen können dieser Zone Feuchtigkeit spenden, Bio-Effluvien und chemische Gifte entfernen sowie die Zahl der Mikroorganismen in der Luft verringern. Hinzu kommt natürlich ihr ästhetischer Wert. Auch im Handel erhältliche Filter auf Pflanzenbasis entfernen flüchtige organische Verbindungen aus der persönlichen Atemzone sehr wirksam.

LUFTREINIGUNG IN GROSSEM MASSSTAB

Wenn Pflanzen in der Lage sind, die Luft in der individuellen Atemzone wirkungsvoll zu säubern, wäre es doch ebenso wünschenswert, mit

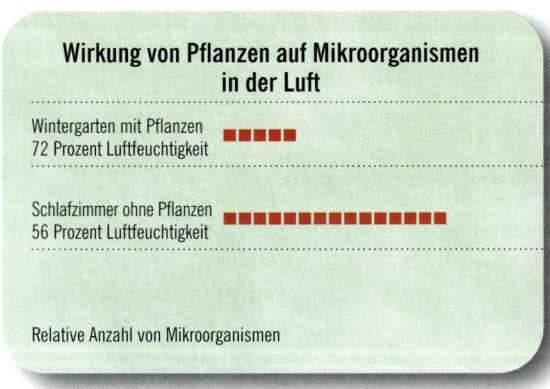

Wirkung von Pflanzen auf Mikroorganismen in der Luft

Wintergarten mit Pflanzen 72 Prozent Luftfeuchtigkeit	■■■■■
Schlafzimmer ohne Pflanzen 56 Prozent Luftfeuchtigkeit	■■■■■■■■■■■■■■■

Relative Anzahl von Mikroorganismen

Giftstoffe aus der Luft werden durch die Spaltöffnungen (Stomata) absorbiert.

Durch Transpiration wird Wasserdampf von den Pflanzenblättern an die Atmosphäre abgegeben.

Konvektionsströme befördern atmosphärische Gase an die Wurzeln.

Wurzelmikroben (z. B. Pseudomonas spec.) zerlegen die Gase in Strukturen, welche von der Pflanze und den Mikroorganismen als Nahrung verwertet werden können.

ihrer Hilfe auch in größeren Gebäuden für qualitativ gute Luft zu sorgen. Ein vermehrt vorgenommener Luftaustausch ist zu diesem Zweck weder sonderlich geeignet noch kostengünstig oder gar umweltfreundlich. Und das Ausgasen neuer Materialien ist zwar hilfreich, doch emittieren viele Produkte noch viele Jahre lang unerwünschte Stoffe.

Betrachtet man ein Gebäude als ein geschlossenes Ökosystem, dann ist der Einsatz von Pflanzen zur Verbesserung der Luftqualität zweifellos sinnvoll. Pflanzen können keine Patentlösung sein, aber doch als integraler Bestandteil eines Hauses viel zur Luftreinheit beitragen. Dazu müssen Bauplaner und Innenarchitekten aber bereit und in der Lage sein, Pflanzen bei der Planung eines Gebäudes auch

sinnvoll einzusetzen. Es wird in dieser Hinsicht immer Stückwerk bleiben, wenn Pflanzen nur als Lückenfüller in ungenutzte Ecken gestellt oder später vereinzelt hinzugefügt werden.

Um zu beweisen, daß ein Wohnhaus ein funktionierendes Ökosystem sein kann, habe ich einen 113 m² großen Teil meines Wohnhauses in Picayune, USA, mit einem besonderen Luftreinigungs- und Wasseraufbereitungssystem versehen. Ein L-förmiger Pflanzenbehälter, den ich an den Innenwänden entlang aufgestellt habe, soll vier Hauptfunktionen erfüllen: 1. schön aussehen, 2. die Luft reinigen, 3. die Luftfeuchtigkeit steuern und 4. das Abwasser des anliegenden Badezimmers aufbereiten. Eine Pumpe fördert Luft aus diesem sonnigen Wintergarten durch das ganze Gebäude. Zu diesem patentierten

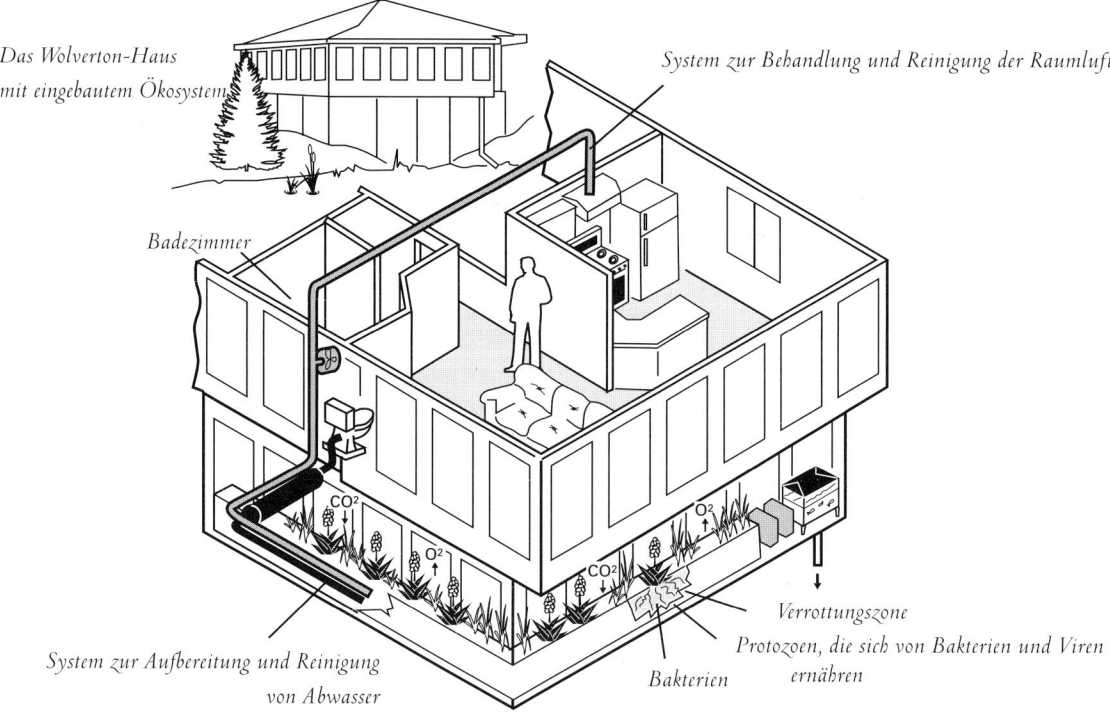

Das Wolverton-Haus mit eingebautem Ökosystem

System zur Behandlung und Reinigung der Raumluft

Badezimmer

CO^2

O^2

O^2

CO^2

Verrottungszone
Protozoen, die sich von Bakterien und Viren ernähren

System zur Aufbereitung und Reinigung von Abwasser

Bakterien

System gehört auch eine Vorrichtung, die schädliche Ausdünstungen im Wurzelbereich der Pflanzen auswäscht. Ventilatoren vertreiben unangenehme Gerüche und Gase aus Küche und Bad in einen Bereich der Pflanzenanlage, wo sie durch Filter – wie zum Beispiel Aktivkohle – gereinigt werden. Sobald die Gase vom Filtermedium aufgenommen werden, zerlegen Wurzel-Mikroorganismen diese Gase in Energie und Nahrung. Pflanzen und Mikroorganismen arbeiten somit als ein dauerwirksames biologisches Klärwerk. Die einzige Wasser- und Nahrungsquelle der Pflanzen stammt aus Badezimmer und Toilette. Solche Pflanzen/Filter-Einheiten können natürlich auch an Leitungswasseranstelle von Abwassersystemen angeschlossen werden. Seit dieses Ökosystem 1989 in Funktion trat, hat es all meine Erwartungen an Funktionalität und Pflegeleichtigkeit übertroffen.

Die Anlage wird ständig überwacht, ob Temperatur, relative Feuchtigkeit und der Gehalt von Mikroorganismen in der Luft im idealen Bereich liegen. Die Luftfeuchtigkeit schwankt zwischen

angenehmen 40 und 60 Prozent und wird durch eine normale Heizungspumpe gesteuert. Flüchtige organische Stoffe sind nicht meßbar vorhanden. Wichtiger noch: Kein Mitglied meines Haushaltes hat fortan über irgendwelche Symptome geklagt, die mit schlechter Raumluft typischerweise einhergehen. Die Luft enthält 50-60 Prozent weniger Schimmelsporen und Bakterien als solche in pflanzenlosen Räumen. Das erste öffentliche Gebäude in den USA, das Pflanzen gezielt für eine Verbesserung der Luftqualität einsetzte, ist der naturwissenschaftliche Trakt des Northeast Mississippi Community College in der Stadt Booneville. Stadtverwaltung und Schulleitung wollten ein Gebäude, das in den Bereichen Energieeinsparung und Umwelttechnologie gleichermaßen vorbildlich sein sollte. Das Luftreinigungssystem auf Pflanzenbasis stellte dazu einen integralen Bestandteil dar. Eine Kleinstadt erwies sich als Vorreiter, mit innovativen und kostengünstigen Mitteln Energie zu sparen und gleichzeitig hochwertige Raumluft zu erzeugen.

Das Gebäude selbst ist Anschauungsobjekt für mehrere wissenschaftliche Disziplinen. Mit einer atriumähnlichen Pflanzenanlage im zweiten Stock nutzt man auf 372 m² die pflanzlichen Luftreinigungskräfte für dieses Bürogebäude. Das Abwasser aus zwei Waschräumen und Toiletten liefert Wasser und Nährstoffe für die Pflanzen. Während das Abwasser langsam durch die Wurzelbereiche sickert, wird es gereinigt. Überschüssiges Abwasser wird über Fallrohre zur weiteren Behandlung in Außenanlagen geleitet. Der Luftaustausch wurde stark verringert; statt dessen zirkuliert die Innenluft. Seit dem Bezug im Jahr 1993 hat es von seiten der dort arbeitenden Menschen noch keine gesundheitlichen Beschwerden gegeben. Im Gegenteil: Die Büroräume in diesem Teil des Hauses sind wegen ihrer hohen Luftqualität und ihrer ansprechenden Gestaltung außerordentlich beliebt.

Die Universität von Mississippi arbeitet derzeit an einem Zentrum für Wasser- und Feuchtgebietsressourcen. Bis heute ist dies das vielversprechendste Projekt, das Pflanzen auf ihre Fähigkeit zur Luft- und Abwasserreinigung untersucht.

Einen eindrucksvollen Beweis für die gesundheitsfördernde Wirkung einer geballten Ansammlung von Hauspflanzen liefert das Hotel Opryland in Nashville, USA. Zwei gewaltige, knapp fünf Hektar große subtropische Gärten erstrecken sich über sechs Geschosse, riesige Glasflächen sorgen für natürlichen Lichteinfall. Ungefähr 18 000 Hauspflanzen von 600 verschie-

denen Arten wachsen in dieser künstlichen Urwaldlandschaft. Dieses Ökosystem hält ganzjährig eine Temperatur von 22 °C und eine ideale Luftfeuchtigkeit von 55–60 Prozent. Der große Erfolg dieser Anlage hat die Betreiber bewogen, eine weitere, 1,6 Hektar große Pflanzung einzuglasen. Die Fläche enthält sogar ein Flußsystem und einen See sowie Pflanzen, die in solchen Ökosystemen heimisch sind.

Von kleinen Zimmerpflanzen zur Reinigung individueller Atemzonen bis zur großen Pflanzen/Filter-Biotechnologie – der nutzbringende Einsatz von Pflanzen scheint sich mehr und mehr durchzusetzen. Diese künstlichen Ökosysteme, in denen Pflanzen, Kleinstorganismen und Menschen in einem natürlichen Gleichgewicht leben, kommen den Vorbildern der belebten Natur sehr nahe. Immer mehr Erfahrungen und Forschungsergebnisse tragen dazu bei, daß viele Zimmergärtner ihre pflanzlichen Hausfreunde in einer neuen Funktion begreifen. Sie sind nicht mehr nur schön, sondern obendrein sorgen sie für ein gesundes Klima. Sie sind die ökologischen Luftreiniger, mit der die Natur seit Jahrmillionen lebt und deren Nutzen für uns Menschen die Forschung eindrucksvoll nachgewiesen hat.

Pflanzen verbessern die Luftqualität innerhalb der individuellen Atemzone.

4

„Wieder hat der Gartenbau – dieses Mal als Weltraumbiologie verkleidet – die wesensbestimmende Beziehung zwischen Mensch und Pflanze neu etabliert. Praktische Pflanzenkunde muß einen hohen Stellenwert erhalten, in Schulen, zu Hause und in den Gemeinden, um die vielseitigen Wechselwirkungen der lebendigen Welt verständlich zu machen und um unsere Lebensqualität zu steigern."

Professor Jules Janick, Purdue-Universität

BREVIER FÜR ZIMMERGÄRTNER

Die meisten Zimmerpflanzen mögen in etwa dieselben Temperaturen, die auch wir Menschen brauchen. Manche gedeihen nur unter besonderen Lebensbedingungen, sie benötigen beispielsweise einen Temperaturwechsel mit den Jahreszeiten oder einen kühlen Standort für ihre Ruheperiode. Die meisten kommen mit 18–24 °C gut zurecht. Schwankungen zur einen oder anderen Seite wirken sich selten schädlich aus. Fast alle Pflanzen mögen es nachts etwas kühler.

Stellen Sie Pflanzen nie zu nahe ans Fenster; dort kann es deutlich kälter oder wärmer als im Zimmer sein. Darüber hinaus sollten Pflanzen nicht in der Nähe von Heizkörpern und Gebläsen plaziert werden; solch extreme Umstände mag keine Pflanze.

FEUCHTIGKEIT

Luftfeuchtigkeit ist für Pflanzen genauso wichtig wie für Menschen. Für beide liegt der ideale Wert irgendwo zwischen 35 und 65 Prozent. Die relative Luftfeuchte hängt eng mit der Temperatur zusammen: Je mehr die Luft geheizt wird, desto schneller verliert sie Feuchtigkeit. Mechanische Luftbefeuchter können durchaus nützlich sein. Dabei sollten Sie jedoch streng darauf achten, daß solche Anlagen stets sauber sind, um Krankheitskeimen keinen Nährboden zu bieten.

Der einfachste Weg, die Blätter der Pflanzen mit ausreichender Feuchtigkeit zu versorgen, ist das regelmäßge Besprühen ihrer Blätter. In extrem trockener Luft kann dies sogar mehrmals täglich notwendig sein. Auch das Gruppieren mehrerer Pflanzen kann nützlich sein. Jede Pflanze profitiert dann von der überschüssigen Feuchtigkeit ihrer Nachbarin. Schließlich sind Pflanzen selbst fleißige Produzenten von Wasserdampf. Je trockener die Luft ist, desto mehr Feuchtigkeit gibt die Pflanze durch Transpiration ab.

LUFTZIRKULATION

Die Bewegung von frischer, feuchter Luft hilft den Pflanzen beim Atmen. Wenn Sie Pflanzen in Gruppen zusammenstellen, achten Sie auf genügend Freiraum für die Luftzirkulation. Staut sich die Luft zu sehr, kann dies Schädlinge und Pilze begünstigen. Setzen Sie Pflanzen niemals Zug und plötzlichen Temperaturschwankungen aus. Sammelt sich Staub auf den Blättern, besteht die Gefahr, daß die kleinen Öffnungen verstopft werden, was wiederum das Wachstum der Pflanze beeinträchtigen kann. In diesem Fall empfiehlt sich regelmäßiges, feuchtes Abwischen der Blätter. Verwenden Sie keine trockenen Tücher, weil diese den Staub nicht aufnehmen, sondern einfach nur in die Luft verwirbeln.

LICHT

Alle Pflanzen brauchen Licht, jedoch schwankt die ideale Menge von Gattung zu Gattung und von Art zu Art. Im allgemeinen brauchen Pflanzen, die Blüten, Beeren oder buntes Laub tragen, mehr Licht als solche mit einfacher grüner Belaubung. Viele unserer heutigen Zimmerpflanzen stammen ursprünglich aus tropischen oder subtropischen Regionen. Aus ihrer Heimat sind sie die unterschiedlichsten Lichtverhältnisse gewohnt – vom Dämmerlicht im Schatten tropischer Regenwaldbaldachine bis zum strahlenden Sonnenschein. Wenn man eine Pflanze an einen anderen Standort stellt, braucht sie dennoch ihre gewohnten Lebensumstände, um nicht zu verkümmern.

Natürliches Licht. Die Frage ist nicht, ob natürliches Sonnenlicht am günstigsten ist, sondern wie viel und wie lange die einzelne Pflanze Sonnenlicht braucht. Die Lichtmenge in einem Raum, selbst in Teilen des Raumes, ändert sich im Laufe eines Tages. Direkte Sonneneinstrahlung überleben eigentlich nur Pflanzen aus trockenen Gegenden wie Kakteen und andere Sukkulenten. Andere vertragen die pralle Sonne nur für kurze Zeit, wieder andere mögen nur indirektes oder gefiltertes Licht, beispielsweise durch eine Netzgardine. Der erfolgreiche Zimmergärtner braucht also zumindest grundlegende Kenntnisse über die idealen Lichtbedürfnisse seiner Pflanzen.

Glühlampen. In einem normalen Haushalt bestehen fast alle Lichtquellen aus Glühbirnen. Diese geben einen hohen Anteil Rotlicht ab, was für blühende Pflanzen günstig ist. Dafür mangelt es an blauen und violetten Strahlen. Deshalb reichen Glühbirnen als einzige Lichtquelle nicht aus, um Pflanzen zu kultivieren. Sie lassen sich jedoch mit Leuchtstoffröhren kombinieren.

Leuchtstoffröhren. Solche Lampen werden vor allem in Büros, seltener zu Hause verwendet. Im Unterschied zu Glühbirnen geben gasgefüllte Röhren ein Licht mit einem hohen Blauanteil

Hauspflanzen für unterschiedliche Lichtverhältnisse

Populärer Name	Botanischer Name	Populärer Name	Botanischer Name
SONNIG			
Birkenfeige	*Ficus benjamina*	Gerbera	*Gerbera jamesonii*
Chrysantheme	*Chrysanthemum morifolium*	Schiefblatt	*Begonia semperflorens*
Croton	*Codiaeum variegatum pictum*	Tulpe	*Tulipa gesneriana*
Echte Aloe	*Aloe barbandensis*	Zimmertanne	*Araucaria heterophylla*
Ficus	*Ficus 'Alii'*	Zwergbanane	*Musa cavendishii*
Flammendes Käthchen	*Kalanchoe blossfeldiana*		
HELL			
Arecapalme	*Chrysalidocarpus lutescens*	Klimme	*Cissus rhombifolia 'Ellen Danika'*
Bergpalme	*Chamaedorea elegans*	Lanzenrosette	*Aechmea fasciata*
Bergpalme	*Chamaedorea seifritzii*	Marante	*Maranta leuconeura 'Kerchoveana'*
Birkenfeige	*Ficus benjamina*	Osterkaktus	*Schlumbergera rhipsalidopsis*
Bogenhanf	*Sansevieria trifasciata*	Purpurtute	*Syngonium podophyllum*
Chrysantheme	*Chrysanthemum morifolium*	Schiefblatt	*Begonia semperflorens*
Croton	*Codiaeum variegatum pictum*	Schlangenwurz	*Liriope spicata*
Dendrobium	*Dendrobium sp.*	Schwertfarn ‚Bostoniensis'	*Nephrolepis exaltata 'Bostoniensis'*
Dieffenbachia camilla	*Dieffenbachia camilla*	Schwertfarn	*Nephrolepis obliterata*
Dieffenbachia	*Dieffenbachia 'Exotica'*	Steckenpalme	*Rhapis excelsa*
Echte Aloe	*Aloe barbandensis*	Tulpe	*Tulipa gesneriana*
Efeu	*Hedera helix*	Weihnachtskaktus	*Schlumbergera bridgesii*
Einblatt	*Spathiphyllum sp.*	Zimmertanne	*Araucaria heterophylla*
Ficus	*Ficus 'Alii'*	Zwergbanane	*Musa cavendishii*
Flamingoblume	*Anthurium andraeanum*	Zwergdattelpalme	*Phoenix roebelenii*
Gerbera	*Gerbera jamesonii*		
Grünlilie	*Chlorophytum comosum 'Vittatum'*		
Gummibaum	*Ficus robusta*		

Hauspflanzen für unterschiedliche Lichtverhältnisse

Populärer Name	Botanischer Name	Populärer Name	Botanischer Name
HALBSCHATTIG			
Alpenveilchen	*Cyclamen persicum*	Klimme	*Cissus rhombifolia* 'Ellen Danika'
Azalee	*Rhododendron simsii* 'Compacta'	Kolbenfaden	*Aglaonema crispum*
Bergpalme	*Chamaedorea elegans*	Korbmarante	*Calathea makoyana*
Bogenhanf	*Sansevieria trifasciata*	Marante	*Maranta leuconeura* 'Kerchoveana'
Croton	*Codiaeum variegatum pictum*	Nachtfalterorchidee	*Phalenopsis* sp.
Dieffenbachia	*Dieffenbachia camilla*	Philodendron	*Philodendron domesticum*
Dieffenbachia	*Dieffenbachia* 'Exotica Compacta '	Philodendron	*Philodendron erubescens*
Drazäne 'Janet Craig'	*Dracaena deremensis* 'Janet Craig'	Philodendron	*Philodendron oxycardium*
Drazäne 'Warneckei'	*Dracaena deremensis* 'Warneckei'	Philodendron	*Philodendron selloum*
Drazäne	*Dracaena fragrans*	Purpurtute	*Syngonium podophyllum*
Drazäne	*Dracaena marginata*	Schefflera	*Brassaia actinophylla*
Efeu	*Hedera helix*	Schlangenwurz	*Liriope spicata*
Efeutute	*Epipremnum aureum*	Schwertfarn	*Nephrolepis obliterata*
Einblatt	*Spathiphyllum* sp.	Schwertfarn 'Bostoniensis'	*Nephrolepis exaltata* 'Bostoniensis'
Grünlilie	*Chlorophytum comosum* 'Vittatum'	Weihnachtsstern	*Euphorbia pulcherrima*
Gummibaum	*Ficus robusta*	Zimmertanne	*Araucaria heterophylla*
Homalomena	*Homalomena wallisii*		
SCHATTIG			
Bogenhanf	*Sansevieria trifasciata*	Philodendron	*Philodendron domesticum*
Efeutute	*Epipremnum aureum*	Philodendron	*Philodendron erubescens*
Homalomena	*Homalomena wallisii*	Philodendron	*Philodendron oxycardium*
Kolbenfaden	*Aglaonema crispum*	Purpurtute	*Syngonium podophyllum*

ab, was für das Blattwachstum wichtig ist. Deshalb reicht solches Licht für Pflanzen aus, die vorwiegend wegen ihrer Blätter kultiviert werden. Es gibt auch Leuchtstoffröhren, deren Anteil blauer, roter und violetter Lichtstrahlen ausgeglichener ist. Schlicht weiße Röhren sind relativ billig; außerdem wirkt ihr Licht weniger aggressiv auf empfindliches Blattgrün als das von Glühbirnen.

Halogenlicht. Halogenlampen erzeugen ein mehrfach intensiveres Licht als Glühbirnen. Die gängigen Halogenleuchten verfügen über das komplette Farbspektrum. Ausgewogenes Blau- und Weißlicht bietet den Pflanzen alles, was sie für gesundes Wachsen und Blühen benötigen. Meist wird Halogenlicht für die Kultivierung größerer Pflanzen verwendet.

LICHTMENGE

Obwohl Zimmerpflanzen auch unter Kunstlicht erfolgreich kultiviert werden können, stehen die meisten doch an hellen Fenstern und erhalten nur in Ausnahmefällen abends künstliches Licht. Die nachfolgend beschriebenen vier Kategorien werden in den Pflanzenporträts durchgängig verwendet. Die Tabellen auf den Seiten 32 und 33 geben einen Überblick über die Lichtbedürfnisse der 50 vorgestellten Pflanzen.

Sonnig. Sonnig ist ein Standort mit wenigstens fünf Stunden direkter Sonneneinstrahlung. Dies ist die hellste Licht-Kategorie. Sehr wenige Pflanzen vertragen ununterbrochen direktes Sonnenlicht. Ein Fenster kann wie ein Vergrößerungsglas wirken und Verbrennungen der Blätter verursachen. Selbst sonnenliebende Pflanzen sollten nicht direkt an die Scheibe gestellt oder sommerlicher Mittagshitze ausgesetzt werden.

Hell. Ein heller Standort weist im Winter zwei bis drei Stunden direktes Sonnenlicht auf. Den größten Teil des Tages liegt er in indirektem hellen Licht. Diese Lichtverhältnisse empfehlen sich für die meisten Pflanzen.

Halbschattig. Halbschattig ist ein Standort, wenn er viel helles, aber kein direktes Sonnenlicht aufweist. Das Licht wird meist durch Netzgardinen, Bäume oder Sträucher gefiltert. Versorgt man die Pflanzen zusätzlich mit etwas Kunstlicht, wirkt sich dies bei einigen positiv auf die Blüte aus. Diese Lichtverhältnisse werden meist von Blattpflanzen bevorzugt.

Schattig. Schattig ist ein Standort, wenn er kein direktes Sonnenlicht aufweist und auch zur Mittagszeit leicht abgedunkelt ist. Es sollte jedoch noch genügend indirektes Licht vorhanden sein. Nur wenige Pflanzen mögen solches Licht; häufig benötigen sie zusätzlich Kunstlicht, oder man stellt sie zeitweise an einen helleren Ort.

DAS RICHTIGE MEDIUM

Hydrokultur. Die Technik, Pflanzen in Nährflüssigkeit zu kultivieren, wird schon seit über 50 Jahren praktiziert. Bei der Hydrokultur sitzen die Wurzeln nicht in Erde oder Substrat, sondern werden von nährstoffhaltigem Wasser umspült. Im letzten Weltkrieg nutzten amerikanische Soldaten die Hydrokultur, um sich stets mit frischem Gemüse zu versorgen. In Europa und den USA werden auf diese Weise in riesigen Treibhausbetrieben Blumen und Gemüse produziert.

In Europa arbeiten auch die meisten kommerziellen Züchter von Hauspflanzen mit dieser Methode. In den USA ist sie zu diesem Zweck hingegen kaum verbreitet. Viele halten sie fälschlicherweise für zu kompliziert oder zu wissenschaftlich. Die Annahme, daß nur ein bestimmtes europäisches Tongranulat eine erfolgreiche Hydrokultur ermögliche, ist ebenso falsch. Blähton und hochporöse Gesteine wie Lava oder Bimskies sind relativ preiswerte Materialien für die Hydrokultur.

Das Tongranulat, in dem die Pflanzen stehen, hat vorwiegend eine Haltefunktion, unterstützt aber auch den Transport von Wasser und Nährstoffen zu den Wurzeln. Die porösen Steinkügelchen saugen Flüssigkeit vom Wasserreservoir auf und führen sie an die Wurzeln. Somit können feuchtigkeitsliebende Pflanzen ihre Wurzeln tiefer wachsen lassen, Pflanzen, die es eher trocken mögen, ihre Wurzeln in den oberen Regionen belassen.

Je mehr Zimmergärtner ihre Pflanzen auch aus ökologischen Gründen halten, desto beliebter dürfte auch die Hydrokultur werden. Denn sie bietet einige beachtliche Vorteile: Die Hydrokultur ist sauberer, weil man nicht mit Erde umzugehen braucht; sie macht das Bestimmen der richtigen Wassermenge einfacher – solange der Wasserstand irgendwo zwischen Minimum und Maximum steht, kann nicht viel schiefgehen; Sauerstoff und andere Gase gelangen leichter in die Wurzelregion. Hydrokulturell lebende Pflanzen sind somit die effektiveren Luftreiniger. Pilz- oder Schimmelbefall kommt nur äußerst selten vor, weil die Pflanze von unten gewässert wird und die Oberfläche des Tonsubstrates trocken bleibt. Auch die Gefahr von Schädlingsbefall durch Insekten kann durch Hydrokultur vermindert werden.

Düngen ist bei Hydrokultur etwas seltener notwendig als in Erdkultur, da sich Mineralien durch die Verdunstung und Transpiration im verbleibenden Wasser konzentrieren. Gießen sollten Sie immer durch den Einfüllstutzen. Wenn Sie von oben wässern, lagern sich auf der oberen Granulatschicht Salze ab. Diese können Sie notfalls aber entfernen, indem Sie die oberen 5–7 cm der Tonkügelchen in heißem Wasser spülen und die Salze damit lösen.

Manche Pflanzen sind mehr, andere weniger salzempfindlich. Die Arecapalme kann zum Beispiel Salz und andere Mineralien in bestimmte Wedel leiten. Sobald diese gesättigt sind, sterben sie ab und sollten entfernt werden. Die Steckenpalme lagert überschüssige Salze in ihren Blattspitzen ab. Die braunen Spitzen können mit einer Schere entfernt werden, um die natürliche Form der Blattbüschel zu erhalten. Wie schnell sich die Salze in der Pflanze ansammeln, hängt davon ab, wie schnell die Pflanze transpiriert und welchen Mineralgehalt das Gießwasser aufweist. Viele Pflanzen wachsen jahrelang in Hydrokultur, bevor sich Salze ablagern.

Indirekte Bewässerung. Bei der indirekten Bewässerung wird das Wasser nicht von oben, sondern von unten an die Pflanze herangeführt. Anstelle von Tongranulat wie bei der Hydrokultur ist hier das Medium allerdings Erde. Im kommerziellen Bereich findet diese Methode recht häufig Anwendung, die privaten Zimmergärtner hingegen können sich damit – ebenso wie mit der Hydrokultur – offenbar nur schwer anfreunden.

Ein Vorteil dieses Systems ist die gleichmäßige Bewässerung der Pflanzen. Die regelmäßige Feuchtigkeitsaufnahme über den Wasserspeicher am Topfboden vermeidet den Trocken-naß-trocken-Zyklus, wie er beim üblichen Gießen auftritt. Überdies werden Nährsalze nicht in den Untersetzer gespült, sondern bleiben in der Erde. Zu den Nachteilen zählt, daß Erde umständlicher und schmutziger als Granulat zu verarbeiten ist und daß indirekte Bewässerung die Schimmelbildung begünstigt, weil Erde eine größere Dichte als die Kugeln der Hydrokultur aufweist, was die Luftdurchdringung erschwert. Sauerstoff und andere Gase können die Wurzeln somit schlechter erreichen. Die Pflanzen wachsen langsamer und sind nicht ganz so effektiv bei der Filterung von Schadstoffen aus der Luft.

Töpfe. Zimmerpflanzen in einem Tontopf und in Erde zu kultivieren ist die herkömmlichste und bekannteste Art. Meist steht der Topf auf einem Untersetzer, der überschüssiges Wasser aufnimmt. Gegossen wird von oben. Dies spült allerdings Nährsalze aus der Erde durch das Abflußloch, so daß die Pflanze etwas häufiger gedüngt werden muß. Dieses Entsalzen ist für salzempfindliche Pflanzen vorteilhaft. Das Zubehör für diese Methode ist billig und überall erhältlich. Ihr großer Nachteil: Die richtige Wassermenge ist schwer zu treffen. Zu viel Gießen verursacht Wurzelfäule und Schimmelbil-

dung im Untersetzer, zu wenig schadet ebenfalls der Pflanze. Darüber hinaus begünstigt nasse Erde das Ansiedeln von Pilzen und erschwert die Luftzirkulation.

SCHÄDLINGE

Schmierläuse, Spinnmilben sowie Blatt- und Schildläuse gehören zu den Schädlingen, von denen die Pflanzen am häufigsten befallen werden.

Spinnmilben. Diese winzigen Spinnentiere sind mit bloßem Auge kaum erkennbar. Sie bevorzugen eine trockene, warme Atmosphäre. Spinnmilben erzeugen feine Gespinste an den Blattunterseiten und saugen die Zellen der Pflanzen aus. Die Gewächse verkümmern, ihre Blätter fallen ab, manche gehen sogar ein. Um festzustellen, ob Ihre Pflanzen von Spinnmilben befallen sind, schauen Sie sich

Einfüllstutzen

Wasserstand-
anzeiger

Blumenerde

Blähtongranulat

Wasserstand

Wasserstand

Wasserspeicher

Wasserspeicher

Blumentopf für indirekte Bewässerung

Blumentopf für Hydrokultur

die Blätter mit einer Lupe an oder schütteln Sie einen Zweig über weißem Papier. Fallen dunkle, staubähnliche Punkte aufs Papier, die sich bewegen, können Sie davon ausgehen, daß die Pflanze von Spinnmilben befallen ist.

Schmierläuse. Auch Schmierläuse treten besonders im warmen, trockenen Wohnklima auf. Die kleinen weißen Insekten sehen wie winzige Wollbällchen aus. Beim Saugen sondern sie für Pflanzen giftige Stoffe ab, auf denen sich oft Rußtau ansiedelt.

Schildläuse. Schildläuse sind an ihren 1–2 mm großen, grauen oder braunen, runden oder ovalen Schilden leicht zu erkennen. Sie bewegen sich langsam und sondern ebenfalls klebrigen Honigtau ab, auf dem sich Rußtau ansiedeln kann.

Blattläuse. Blattläuse sind kleine, weiche Insekten, die sich bevorzugt an Knospen und Jungtrieben sammeln. Sie gehören zu den häufigsten, allerdings bei weitem nicht gefährlichsten Schädigern. Ihre Ausscheidungen führen zu Blattrollen sowie Trieb- und Blütenanomalien.

SCHÄDLINGSBEKÄMPFUNG

Es ist ratsam, Pflanzen grundsätzlich sorgfältig zu inspizieren, bevor man sie ins Haus bringt. Darüber hinaus ist eine Pflanze weniger anfällig gegen Schädlingsbefall, wenn ihre Lebensbedingungen optimal erfüllt werden. Wenn nur noch eine chemische Bekämpfung bleibt, sollte man weniger giftige Präparate verwenden. Dazu zählen Seifen auf Pflanzenbasis, Alkohol und viele selbst hergestellte Hausmittel.

Pyrethrum wird aus getrockneten Chrysanthemenblüten gewonnen und ist relativ ungefährlich. Den Einsatz von künstlich herge-

stelltem Pyrethrum sollten Sie aber nach Möglichkeit vermeiden.

Eine 0,2-prozentige Lösung eines milden Spülmittels eignet sich in der Regel gut zur Blattwäsche. In Alkohol getränkte Baumwolltupfer entfernen recht zuverlässig Spinnmilben, Schmier-, Blatt- und Schildläuse.

Sie können sich eine ungiftige Lösung auch selbst herstellen. Füllen Sie dazu zwei Teelöffel Pflanzenöl, einen Tropfen Spülmittel und 230 ml warmes Wasser in eine Sprühflasche. Schütteln Sie die Mischung gut durch. Die fertige Lösung sprühen Sie auf die Blätter.

Informieren Sie sich gründlich über die Pflegeansprüche Ihrer Pflanzen und über möglichen Schädlingsbefall. Um Ihnen die Auswahl zu erleichtern, finden Sie auf den nächsten Seiten eingehendere Informationen zu 50 Pflanzen.

5

DIE PFLANZEN

A uf den folgenden Seiten geben wir Ihnen genauere Informationen zu 50 Zimmerpflanzen, die auf ihren ökologischen Nutzen hin geprüft worden sind.

Die Kriterien der Bewertung waren, wie leicht die Pflanzen zu kultivieren und zu pflegen sind, wie widerstandsfähig sie gegen Schädlingsbefall sind, wie effizient sie Schadstoffe entfernen und wieviel Wasser sie pro Zeiteinheit verdunsten. Jede Pflanze erhielt daraus folgend eine Bewertungsnote, die sich aus den Einzel-ergebnissen der vier Kategorien zusammensetzt. Die Aufzählung erfolgt in absteigender Reihe der Bewertung. Haben zwei oder mehr Pflanzen dieselbe Gesamtnote, wird diejenige zuerst genannt, die bei der Filterung von Schadstoffen am besten abgeschnitten hat.

ARECAPALME

Chrysalidocarpus lutescens

Die Areca- oder Betelnußpalme gehört zu den anmutigsten und populärsten Palmen. Sie gedeiht gut in Innenräumen, gibt große Mengen Wasser an die Raumluft ab, bekämpft die Luftverschmutzung durch Schadstoffe und ist überdies wunderbar anzusehen. Was kann man von einer Zimmerpflanze mehr erwarten? Sie wächst etwas schneller als andere Palmen, und ihre rohrartigen Stengel bringen federförmige, gelbgrüne Wedel hervor. Wegen ihrer guten Eigenschaften wird sie nicht nur zu Hause, sondern auch in vielen Büroräumen gerne gehalten. Die Areca läßt sich gut mit dem Zimmerefeu oder der Efeutute als Unterpflanzung zu einem Arrangement kombinieren.

Eine 1,80 m große Palme gibt in 24 Stunden etwa einen Liter Wasser ab. Bei der Vernichtung aller untersuchten Schadstoffe schneidet sie in der Regel sehr gut ab. Sie hat zudem die ungewöhnliche Eigenschaft, Salzüberschüsse nur in bestimmten, ausgewählten Wedel zu sammeln. Sobald diese Wedel gesättigt sind, sterben sie und sollten schnell entfernt werden. Ihre guten Noten in allen Bereichen machen sie zu einer der öko-freundlichsten Hauspflanzen.

FAMILIE
Palmae (Palmen)

HERKUNFT
Madagaskar

LICHT
Hell

TEMPERATUR
18–24 °C

SCHÄDLINGE UND PROBLEME
Spinnmilben und braune Blattspitzen bei zu trockener Luft.

PFLEGE
Halten Sie den Wurzelballen feucht. Düngen Sie regelmäßig mit Blumendünger, außer im Winter. Regelmäßiges Übersprühen gibt der Palme ein frisches Aussehen und erhöht die Feuchtigkeit der umgebenden Luft; dies vermindert den Schädlingsbefall.

MEDIUM
Ein gutes Substrat mit hohem Lehmanteil. Die Pflanze eignet sich wegen ihrer hohen Transpirationsrate aber auch für Hydrokultur und indirekte Bewässerung. Dann sollten Sie weniger häufig Wasser geben.

GESAMTBEWERTUNG 8,5

	Bewertung
Abbau chemischer Schadstoffe	■ ■ ■ ■ ■ ■ ■
Pflegeleichtigkeit	■ ■ ■ ■ ■ ■ ■
Widerstandskraft gegen Insektenbefall	■ ■ ■ ■ ■ ■ ■ ■
Transpirationsrate	■ ■ ■ ■ ■ ■ ■ ■ ■

40

STECKENPALME

Rhapis excelsa

Die Wedel dieser großen Palme werden 15–30 cm breit und bestehen aus vier bis zehn dicken, glänzenden Blättern. Die Blätter sind über dünne, bogenartige Stengel mit dem braunen, haarigen Stamm verbunden. Die langsam wachsende Steckenpalme ist äußerst pflegeleicht und widersteht den meisten Schädlingen. Auch ihre luftverbessernden Eigenschaften sind bemerkenswert. In den USA ist diese Palme so beliebt, daß manche Gärtnereien nichts anderes als diese Pflanze kultivieren.

Wenn sie über Hydrokultur oder indirekte Bewässerung mit Leitungswasser gezogen wird, sammelt sich manchmal ein Salzüberschuß in den Blattspitzen, die sich dann braun färben. Diese braunen Spitzen lassen sich mit einer Schere leicht aus den grünen, sägezahnartigen Blattspitzen entfernen.

FAMILIE
Palmae (Palmen)

HERKUNFT
Südchina

LICHT
Hell

TEMPERATUR
16–21 °C; im Winter nicht unter 10 °C.

SCHÄDLINGE UND PROBLEME
Im allgemeinen schädlingsfrei. Gelegentlich Spinnmilben. Ist der Standort zu trocken, werden die Blattspitzen braun.

PFLEGE
Im Frühling und Sommer reichlich gießen. Im Winter etwas weniger, aber nicht zu selten, wenn der Raum relativ warm ist. Düngen Sie einmal monatlich mit einem Flüssigdünger.

MEDIUM
Erde, Hydrokultur oder indirekte Bewässerung.

GESAMTBEWERTUNG 8,5

	Bewertung
Abbau chemischer Schadstoffe	
Pflegeleichtigkeit	
Widerstandskraft gegen Insektenbefall	
Transpirationsrate	

42

BERGPALME

Chamaedorea seifrizii

Die meisten Mitglieder dieser Palmenfamilie sind pflegeleicht und deshalb gerngesehene Hausgäste. Auch die Bambuspalme macht da keine Ausnahme. Ihre rohrartigen Stengel sind schlank, und mit den feingegliederten Blattfächern und der tiefgrünen Farbe ist diese Palme eine imposante Gesamterscheinung. Sie kann bis zu 1,80 m hoch werden.

Von Floristen wird die Bergpalme oft der Areca vorgezogen, weil sie widerstandsfähiger gegen Schädlingsbefall ist. Wo immer die Pflanze steht, verleiht sie ihrer Umgebung ein angenehmes tropisches Flair.

Auch zur Reinhaltung der Luft ist diese Palme außerordentlich gut geeignet. Sie weist eine der schnellsten Verdunstungsraten aller untersuchten Pflanzen auf. Das ist besonders im Winter von Nutzen, wenn die Heizluft in Wohn- und Arbeitsräumen ein trockenes Klima erzeugt. Bestnoten erhielt die Palme für die Filterung von Benzol, Trichlorethylen und Formaldehyd.

FAMILIE
Palmae (Palmen)

HERKUNFT
Mexiko

LICHT
Hell

TEMPERATUR
16–24 °C; im Winter nicht unter 10 °C.

SCHÄDLINGE UND PROBLEME
Spinnmilben und Schildläuse können auftreten, wenn die Luft zu trocken ist.

PFLEGE
Gießen Sie reichlich während der Wachstumsperioden. Steht die Pflanze in einem normalen Topf, halten Sie den Wurzelballen im Winter gerade feucht. Waschen Sie die Blätter hin und wieder ab, um Spinnmilben zu vermeiden. Triebspitzen nicht abknipsen.

MEDIUM
In normalen Töpfen genügt Blumenerde mit etwas Sandbeimischung, um den Wasserablauf zu verbessern. Wegen ihrer hohen Verdunstungsrate bietet es sich an, die Bergpalme durch indirekte Bewässerung oder in Hydrokultur zu halten; beides erfordert selteneres Gießen.

GESAMTBEWERTUNG	8,4
Abbau chemischer Schadstoffe	
Pflegeleichtigkeit	
Widerstandskraft gegen Insektenbefall	
Transpirationsrate	

GUMMIBAUM

Ficus robusta

Früher als *Ficus elastica* bekannt, gehörte der Gummibaum schon im 19. Jahrhundert zu den populärsten Hauspflanzen. Daran hat sich bis heute nichts geändert. Er ist ein zäher Bursche und überlebt auch bei weniger Licht, als es Pflanzen seiner Größe eigentlich brauchen. Auch kühle Temperaturen duldet er. Die Pflanze ist leicht zu kultivieren und filtert sehr effektiv Formaldehyd aus der Luft. Der Gummibaum erzielt in allen Kategorien sehr gute Noten und ist somit eine ideale Zimmerpflanze.

Seinen populären Namen hat der Gummibaum wegen des Saftes seiner großen, glänzenden ledrig-grünen Blätter. Unter guten Bedingungen wird er bis zu 2,5 m hoch. Von allen bisher untersuchten Feigenbäumen ist der Gummibaum als chemischer Saubermann nicht zu schlagen. (Innen-)Architekten mögen ihn wegen seiner Schönheit und Pflegeleichtigkeit. Seine ökologischen Eigenschaften werden seine Beliebtheit wohl noch steigern.

FAMILIE
Moraceae (Feigen)

HERKUNFT
Indien und Malaysia

LICHT
Hell bis halbschattig

TEMPERATUR
16-27 °C; kurzzeitig toleriert die Pflanze auch Temperaturen bis 5 °C.

SCHÄDLINGE UND PROBLEME
In trockener, geheizter Luft anfällig für Schildläuse, Spinnmilben und Blasenfüße (Thripse).

PFLEGE
Im Sommer regelmäßig düngen, im Winter nicht. Den Sommer über regelmäßig leicht gießen und die Erde zwischen dem Wässern leicht trocknen lassen. Übernässung nimmt der Gummibaum übel.

MEDIUM
Wächst gut in Erde oder Hydrokultur.

GESAMTBEWERTUNG   8,0

Abbau chemischer Schadstoffe

Pflegeleichtigkeit

Widerstandskraft gegen Insektenbefall

Transpirationsrate

46

DRAZÄNE

Dracaena deremensis 'Janet Craig'

Ihre dunkelgrünen Blätter machen die Drazäne 'Janet Craig' zu einer äußerst attraktiven Pflanze. Sie entfernt besonders effektiv Trichlorethylen.

Diese Drazäne wächst mehrtriebig mit breiten, dunkelgrünen Blättern. Eine ausgewachsene Pflanze wird bis zu 3 m groß, kann aber zurückgeschnitten werden. Beliebt ist auch die *Dracaena fragrans*.

Sie ist etwas kleiner als 'Janet Craig', entwickelt wunderschöne Schöpfe glänzender Blätter und ist ebenfalls recht pflegeleicht. Sie schätzt warme Temperaturen und verträgt keine Staunässe. Drazänen findet man oft in Bürogebäuden und modern eingerichteten Wohnhäusern. Unter allen Drazänen erwies sich 'Janet Craig' als der beste „Schadstofffresser". Ihre Gesamtbewertung ist gut. Bei guter Pflege lebt sie mehrere Jahrzehnte.

FAMILIE
Agavaceae (Agavengewächse)

HERKUNFT
Kanarische Inseln, Afrika, Asien und Madagaskar

LICHT
Halbschattig; toleriert auch lichtarme Bedingungen, wächst dann aber langsam.

TEMPERATUR
16–24 °C. Überlebt auch bei 10 °C, doch neigen die Blätter dann dazu, gelb zu werden.

SCHÄDLINGE UND PROBLEME
Normalerweise unempfindlich, kann bei sehr trockener Luft von Spinnmilben, Schild- und Schmierläusen befallen werden.

PFLEGE
Regelmäßig mit zimmerwarmem Wasser gießen. Vermeiden Sie Übernässung, aber auch Ballenaustrocknung. Von März bis August alle zwei Wochen düngen. Den Rest des Jahres weniger gießen und nicht düngen. Öfter besprühen oder die Blätter mit feuchtem Schwamm reinigen.

MEDIUM
Einheitserde mit etwas Sand, alle zwei Jahre umtopfen. Wächst auch in Hydrokultur.

GESAMTBEWERTUNG   7,8

Abbau chemischer Schadstoffe
Pflegeleichtigkeit
Widerstandskraft gegen Insektenbefall
Transpirationsrate

EFEU

Hedera helix

Der Efeu rankt sich oft durch Eingangshallen in großen Gebäuden. Versuchen Sie doch einmal, ihn baumförmig nach oben wachsen zu lassen. Dank ihrer langen Triebe machen sich kleinere Formen gut in Hängeampeln. Es gibt unzählige Sorten mit vielfältigen Blattformen und -farben. Allgemein lieben die Pflanzen viel Licht, aber nicht zuviel Wärme. Insbesondere die buntblättrigen Sorten brauchen viel Licht, weil sie sonst ihre Farbe verlieren.

Alle Arten und Sorten des Efeus sind selbstklimmend, das heißt, ihre Wurzeln halten sich an jeder verfügbaren Unterlage fest. Im Frühjahr und Sommer können Sie die Pflanze auch nach draußen stellen. Die ökologische Gesamtbewertung ist sehr gut; besonders eifrig vernichtet der Efeu Formaldehyd.

FAMILIE

Araliaceae (Araliengewächse)

HERKUNFT

Asien, Europa und Nordafrika

LICHT

Hell bis halbschattig

TEMPERATUR

Tagsüber 16–21 °C, nachts 10–16 °C.

SCHÄDLINGE UND PROBLEME

Spinnmilben und Schildläuse in zu warmer und zu trockener Umgebung.

PFLEGE

Während des Frühjahrs und Sommers gleichmäßig mit zimmerwarmem Wasser feucht halten. Im Herbst und Winter zwischen dem Wässern leicht trocknen lassen. In der Wachstumszeit einmal wöchentlich düngen. Oft besprühen, besonders im Winter.

MEDIUM

Wächst in Einheitserde und Hydrokultur gleichermaßen gut.

GESAMTBEWERTUNG 7,8

Abbau chemischer Schadstoffe

Pflegeleichtigkeit

Widerstandskraft gegen Insektenbefall

Transpirationsrate

ZWERGDATTELPALME

Phoenix roebelenii

Diese Palme wird in der Regel höchstens 1,5 bis 2 m groß, sie wächst zudem sehr langsam. Von dem stattlichen Stamm gehen anmutige grüne Wedel ab, die sich elegant nach unten neigen. Sie werden fast einen Meter lang und wachsen nahezu waagerecht. Diese Palme kommt am besten zur Geltung, wenn sie allein und mit genügend Freiraum steht. Da sie aus ihrer natürlichen Regenwald-Heimat stetige Wärme und gedämpftes Licht gewohnt ist, erträgt sie die Licht- und Temperaturverhältnisse unserer Büro- und Wohnräume recht gut. Gut gepflegt, kann sie sehr alt werden. Wie fast alle Palmen hat sich die Dattelpalme eine gute Gesamtnote verdient. Bei der Filterung chemischer Schadstoffe ist sie für Xylol-belastete Räume besonders gut geeignet.

FAMILIE
Palmae (Palmen)

HERKUNFT
Tropisches und subtropisches Asien und Afrika

LICHT
Hell

TEMPERATUR
16–24 °C; nicht unter 10 °C im Winter.

SCHÄDLINGE UND PROBLEME
Spinnmilben bei trockener Luft. Braune Blattspitzen bei Überwässerung oder durch zu hartes Wasser.

PFLEGE
Der Wurzelballen sollte gleichmäßig feucht gehalten werden. Im Winter können Sie die Erde zwischen dem Gießen allerdings etwas antrocknen lassen. Die Pflanze liebt häufiges Besprühen. Im Sommer wöchentlich düngen, im Winter höchstens alle zwei Wochen.

MEDIUM
Einheitserde genügt der Dattelpalme vollauf. Hydrokultur oder indirekte Bewässerung ist empfehlenswert, weil seltener gewässert werden muß.

GESAMTBEWERTUNG	7,8
Abbau chemischer Schadstoffe	
Pflegeleichtigkeit	
Widerstandskraft gegen Insektenbefall	
Transpirationsrate	

FICUS

Ficus 'Alii'

Dieser Ficus ist dabei, die Herzen der Pflanzenliebhaber im Sturm zu erobern. Mit seinen schlanken dunkelgrünen Blättern sieht er tatsächlich sehr attraktiv aus. Ein japanischer Pflanzensammler brachte den *Ficus* 'Alii' von Thailand nach Hawaii, von wo er seinen Weg Anfang der achtziger Jahre in die USA und später auch nach Europa fand. Er ist längst nicht so empfindlich wie der *Ficus benjamina* und begeistert Heimgärtner wie Innenarchitekten gleichermaßen. Er kommt in drei Formen vor: als Standardbaum, als Busch (mehrere Stämme in einem Topf) und als Geflecht (zwei oder drei verflochtene Stämme). Wie bei allen Ficus-Arten sollten Sie auch beim *Ficus* 'Alii' zunächst mit hängenden Blättern rechnen, bis er sich an seine neue Umgebung gewöhnt hat.

Diese stattliche Pflanze eignet sich wegen ihrer unkomplizierten Kultivierung, ihrer Widerstandskraft gegen Schädlingsbefall und ihrem Nutzen für das Raumklima bestens als Zimmer- oder Büropflanze.

FAMILIE
Moraceae (Maulbeerbaumgewächse)

HERKUNFT
Thailand

LICHT
Hell bis sonnig

TEMPERATUR
Tagsüber 16–24 °C, nachts 13–20 °C. Verträgt keine Zugluft.

SCHÄDLINGE UND PROBLEME
Selten Schild- oder Schmierläuse.

PFLEGE
Im normalen Topf Erde gut durchfeuchten, dann zwischen dem Wässern antrocknen lassen. Eine Gelbfärbung der Blätter deutet auf Überwässern hin. Steht die Pflanze im vollen Sonnenlicht oder an einem Südfenster, einmal monatlich düngen. An dunkleren Standorten seltener düngen.

MEDIUM
In normaler Erde besteht die Gefahr, den Ficus zu überwässern. Deshalb bietet sich in diesem Fall indirekte Bewässerung oder Hydrokultur an.

GESAMTBEWERTUNG   7,7

Abbau chemischer Schadstoffe	
Pflegeleichtigkeit	
Widerstandskraft gegen Insektenbefall	
Transpirationsrate	

SCHWERTFARN

Nephrolepis exaltata 'Bostoniensis'

Farne gehören zu den ältesten Pflanzen der Welt; bis zu 400 Millionen Jahre reicht ihr Ursprung zurück. Vielerorts findet man Versteinerungen aus prähistorischer Zeit. Bereits im neunzehnten Jahrhundert schätzte man die üppigen, vielfältig gestalteten Wedel der Farne als Zimmerdekoration. Die Wedel wachsen bogenartig und neigen sich mit zunehmendem Alter nach unten. Die Pflanze wird ausschließlich wegen ihres Laubwerkes kultiviert; Blüten treibt sie nicht. Besonders gut wirkt sie in einer Hängeampel oder auf einem Blumenständer.

Als Zimmerpflanze braucht der Schwertfarn etwas Aufmerksamkeit. Häufiges Besprühen der Wedel gehört dazu, sonst färben sie sich rasch braun und lassen die Köpfe hängen. Von allen untersuchten Pflanzen entfernt *Nephrolepis* Luftschadstoffe am besten und hat auch die höchste Transpirationsrate.

FAMILIE
Nephrolepidaceae (Farne)

HERKUNFT
Tropische Gegenden weltweit

LICHT
Hell

TEMPERATUR
Tagsüber 18–24 °C, nachts 10–18 °C.

SCHÄDLINGE UND PROBLEME
Selten Befall durch Schildläuse, Spinnmilben und Blattläuse.

PFLEGE
Während der Vegetationszeit wöchentlich schwach konzentriert, im Winter sehr selten düngen. Erde mit weichem, lauwarmem Wasser (am besten Regenwasser) feucht, aber nicht naß halten. Den Wurzelballen nicht völlig austrocknen lassen. Alle Farne lieben das Übersprühen – besonders wichtig bei trockener, warmer Luft.

MEDIUM
Wahrscheinlich am besten in Torfkultursubstrat (TKS), aber auch Einheitserde mit Humuszugabe ist möglich. Wer weniger häufig gießen will, sollte den Farn in Hydrokultur ziehen.

GESAMTBEWERTUNG	7,5								
Abbau chemischer Schadstoffe	■	■	■	■	■	■	■	■	
Pflegeleichtigkeit	■	■	■						
Widerstandskraft gegen Insektenbefall	■	■	■	■	■	■			
Transpirationsrate	■	■	■	■	■	■	■	■	■

EINBLATT

Spathiphyllum spec.

Bei der Wahl Ihrer Zimmerpflanzen sollten Sie auch dieses immergrüne Aronstabgewächs berücksichtigen. Das Einblatt hat eine hohe Transpirationsrate und gedeiht in Hydrokultur besonders gut. Wegen ihrer rundum guten Eigenschaften ist diese Pflanze ein ideales Zimmergewächs.

Spathiphyllum hat längliche, spitz zulaufende Blätter und einen hochwachsenden Schaft, auf dem die einzige Blütenähre sitzt. Dieser Blütenstand wird von einem weißen Hüllblatt umgeben. Auch wenn man die Blüte herausschneidet, um die Abgabe von Pollen zu vermeiden, bleibt das Hochblatt noch wochenlang unversehrt stehen. Von den zahlreichen Sorten ist die 'Clevelandii' mit einer Höhe von 60 cm ebenso beliebt wie die exotisch klingende Sorte 'Mauna Loa', die mit 90 cm etwas größer wird und zart duftet. Diese üppige grüne Zimmerpflanze ist eine der wenigen, die regelmäßig auch drinnen blühen.

Das Einblatt entfernt besonders gut Alkohole, Aceton, Trichlorethylen, Benzol und Formaldehyd. Deshalb und wegen der guten Wertung in den anderen Kategorien ist das Einblatt eine empfehlenswerte Zimmerpflanze.

FAMILIE
Araceae (Aronstabgewächse)

HERKUNFT
Kolumbien und Venezuela

LICHT
Hell bis halbschattig

TEMPERATUR
Tagsüber 16–24 °C, nachts 13–20 °C.

SCHÄDLINGE UND PROBLEME
Bei zu trockener Luft ist das Einblatt anfällig für Schildläuse sowie Spinnmilben; gelegentlich Schmierläuse und Weißfliegen.

PFLEGE
Von Frühjahr bis Herbst alle drei Wochen mit Blumendünger, im Winter kaum oder gar nicht düngen. Im Sommer stets mäßig feucht halten, im Winter weniger gießen. Gelegentlich besprühen.

MEDIUM
Das Einblatt wächst in allen Substraten, eignet sich aber am besten für die Hydrokultur.

GESAMTBEWERTUNG	7,5
Abbau chemischer Schadstoffe	
Pflegeleichtigkeit	
Widerstandskraft gegen Insektenbefall	
Transpirationsrate	

DRAZÄNE

Dracaena fragrans 'Massangeana'

Dieses Agavengewächs schneidet in allen Kategorien überdurchschnittlich gut ab und ist deshalb hervorragend als Zimmerpflanze geeignet. *Dracaena fragrans* schätzt einen ganzjährig hellen Standort, toleriert aber auch Halbschatten. Die populäre Pflanze wirkt in einer modernen Inneneinrichtung besonders gut.

Ihre breiten, lanzettförmigen Blätter ähneln denen der Maispflanze. Sie bildet holzige, kräftige Stämme, von deren Spitzen die neuen Blattschöpfe dann wachsen. Ihre duftenden, weißen Blüten erscheinen erst im höheren Alter.

'Massangeana' ist die am häufigsten kultivierte Drazäne. An dem breiten gelbgrünen Streifen in der Blattmitte ist sie leicht zu erkennen. Wegen ihrer dekorativen Bäumchen wird sie oft als Palme bezeichnet, hat aber mit dieser Pflanzenfamilie außer der fernen Heimat nichts gemeinsam.

In Innenräumen wird diese Drazäne bis zu 3 m hoch. Um eine alte Pflanze zu „verjüngen" oder zu neuem Wachstum anzuregen, sollte man sie um ca. 20 cm einkürzen. Die 'Massangeana' wirkt besonders effektiv gegen Schadstoffe wie Formaldehyd.

FAMILIE
Agavaceae (Agavengewächse)

HERKUNFT
Äthiopien, Guinea und Nigeria

LICHT
Halbschattig

TEMPERATUR
16–24 °C, toleriert kurzzeitig aber auch Temperaturen um 10 °C.

SCHÄDLINGE UND PROBLEME
Wird selten von Schädlingen befallen, bei Trockenheit droht allerdings Gefahr durch den Befall von Schild- und Schmierläusen sowie Spinnmilben.

PFLEGE
Erde feucht, aber nicht naß halten. Von April bis August alle 2–3 Wochen düngen. Im Winter sparsam gießen und nicht düngen. Oft besprühen oder Blätter mit einem feuchten Schwamm abwaschen. Wenn sich die Blattspitzen braun färben, kann dies an der Austrocknung des Wurzelballens, trockener Zugluft oder zuviel Dünger liegen. Braune Enden können mit einer Schere entfernt werden.

MEDIUM
Einheitserde oder TKS. Hydrokultur ist möglich, dann aber seltener gießen und umtopfen.

GESAMTBEWERTUNG	7,5							
Abbau chemischer Schadstoffe	■	■	■	■	■	■	■	
Pflegeleichtigkeit	■	■	■	■	■			
Widerstandskraft gegen Insektenbefall	■	■	■	■	■	■		
Transpirationsrate	■	■	■					

EFEUTUTE

Epipremnum aureum

Diese Kletterpflanze bringt herzförmige, grüne, zuweilen hell- oder dunkelgelb marmorierte Blätter hervor. Sie wird manchmal mit dem *Philodendron scindapus* verwechselt, mit dem sie zwar verwandt, aber keineswegs identisch ist. Sie ist pflegeleicht und äußerst widerstandsfähig gegen Schädlinge. *Epipremnum aureum* eignet sich als Ampelpflanze, als Kletterpflanze gezogen kann sie auch die Funktion eines Raumteilers erfüllen. Die Vermehrung ist denkbar einfach: Zur Bewurzelung Stecklinge einfach in Wasser legen; sie können später in jedes Substrat gepflanzt werden.

Epipremnum aureum wächst schnell und verliert anders als viele Zimmerpflanzen ihre Blattfärbung nicht, wenn sie schattig steht. Die Pflanze wird häufig in Bürogebäuden und Ladenlokalen aufgestellt und dort meist in Kombination mit hochwachsenden Pflanzen gehalten. Ihre Robustheit und einfache Vermehrung machen sie zu einer idealen Einstiegspflanze für Neulinge der Hobbygärtnerei.

FAMILIE
Araceae (Aronstabgewächse)

HERKUNFT
Solomon-Inseln

LICHT
Halbschattig bis schattig

TEMPERATUR
18–24 °C; im Winter nicht unter 10 °C.

SCHÄDLINGE UND PROBLEME
Selten Blatt- und Schmierläuse.

PFLEGE
Lassen Sie die Erde zwischen dem Wässern leicht antrocknen. Von März bis August einmal wöchentlich etwas düngen. Durch Abknipsen der Triebe wächst die Pflanze buschiger. Blätter gelegentlich feucht abwischen.

MEDIUM
Die Efeutute wächst zwar in allen Substraten, wird sie in Hydrokultur gehalten, entfällt jedoch das sonst nötige Umtopfen.

HINWEIS:
Der Saft der Efeutute kann Haut und Schleimhäute reizen.

GESAMTBEWERTUNG	7,5									
Abbau chemischer Schadstoffe										
Pflegeleichtigkeit										
Widerstandskraft gegen Insektenbefall										
Transpirationsrate										

SCHWERTFARN

Nephrolepis obliterata

Die *Nephrolepis obliterata* ist weniger bekannt als die Farne aus der Boston-Serie, doch das wird sich sicher bald ändern. Denn sie ist für die Zimmerhaltung besser geeignet, da sie nicht so empfindlich auf trockene Luft reagiert. In der effektiven Entgiftung der Luft steht sie ihren Verwandten in nichts nach.

Farne wirken beruhigend, das üppige Grün ihrer Blätter erinnert selbst im frostigen Winter an den Frühling. Die Wedel der *N. obliterata* schwingen leicht bogig nach unten. Trockene Luft macht der Pflanze zwar weniger aus als anderen Farnen, dennoch ist regelmäßiges Besprühen und Gießen anzuraten.

Dieser Farn empfiehlt sich besonders für den Einsatz gegen Schadstoffe wie Alkohole und Formaldehyd. Seine hohe Transpirationsrate macht ihn auch zu einem der fleißigsten Luftbefeuchter. Deshalb ist die Gesamtnote auch ausgezeichnet.

FAMILIE
Nephrolepidaceae (Farne)

HERKUNFT
Tropen

LICHT
Hell bis halbschattig

TEMPERATUR
Tagsüber 18–24 °C, nachts 10–18 °C.

SCHÄDLINGE UND PROBLEME
Selten Befall durch Schild- und Blattläuse oder Spinnmilben.

PFLEGE
Während der Vegetationsphase wöchentlich schwach konzentriert düngen. Die Erde feucht halten, aber Nässe vermeiden. Den Wurzelballen nie ganz austrocknen lassen. Bei trockener, geheizter Luft sollte die Pflanze häufig besprüht werden. Alte oder verfärbte Wedel entfernen.

MEDIUM
Im Topf können Sie Einheitserde mit etwas Humus oder TKS verwenden. Die Pflanze mag eine gute Durchwurzelung in einem nicht zu großen Topf. Wenn sie in Hydrokultur oder durch indirekte Bewässerung gehalten wird, kann sie seltener gewässert werden.

GESAMTBEWERTUNG   7,4

Abbau chemischer Schadstoffe	
Pflegeleichtigkeit	
Widerstandskraft gegen Insektenbefall	
Transpirationsrate	

CHRYSANTHEME

Chrysanthemum morifolium

Chrysanthemen bieten dem Betrachter ein Bild voller Farben. Während der Blüte bringen sie willkommene Farbtupfer in Büro- und Wohnräume. Nach der Blüte sind sie im Garten am besten aufgehoben. Züchter haben Größe und Blütezeit fast beliebig variiert; so sind kleine Pflanzen in voller Blüte das ganze Jahr über erhältlich.

Bei regelmäßigem Gießen und an einem kühlen, hellen Standort sollte die Chrysantheme 6–8 Wochen lang blühen. Unter den einjährigen Pflanzen gehört *Chrysanthemum morifolium* zu den besten, wenn es um die Entfernung von Benzol, Formaldehyd und Ammoniak geht.

FAMILIE

Asteraceae (Korbblütler)

HERKUNFT

China und Japan

LICHT

Sonnig bis hell; Helligkeit ist wichtig, Sonnenhitze vertragen sie nicht so gut. Insbesondere die Mittagshitze sollte vermieden werden.

TEMPERATUR

Tagsüber 16–18 °C, nachts 7–10 °C.

SCHÄDLINGE UND PROBLEME

Bei zu trockener und warmer Luft können Blattläuse und Spinnmilben auftreten.

PFLEGE

Während der Wachstumsperiode ausreichend gießen, um den Wurzelballen leicht feucht zu halten. Einmal wöchentlich düngen.

MEDIUM

Einheitserde

GESAMTBEWERTUNG 7,4

Abbau chemischer Schadstoffe

Pflegeleichtigkeit

Widerstandskraft gegen Insektenbefall

Transpirationsrate

GERBERA

Gerbera jamesonii

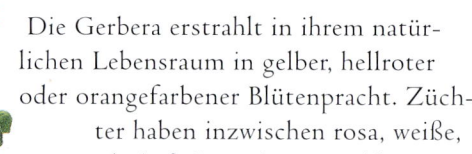

Die Gerbera erstrahlt in ihrem natürlichen Lebensraum in gelber, hellroter
oder orangefarbener Blütenpracht. Züchter haben inzwischen rosa, weiße,
lachsfarbene, beige und karmin-
rote Blüten hervorgebracht.
Ihre Blätter sind ein wenig
ledrig, und die Blüten sitzen
auf robusten Stengeln. Benannt
ist diese mehrjährige Pflanze nach
einem deutschen Arzt und Naturforscher des achtzehnten Jahrhunderts, Traugott Gerber. Im Garten
blüht sie den ganzen Sommer lang,
und wer sie den Winter über hereinholt
und an ein kühles Fenster stellt, darf
sich an der Blütenpracht auch in der
kalten Jahreszeit erfreuen.

Die Gerbera gehörte zu den ersten Pflanzen, die
in den NASA-Studien auf ihre Tauglichkeit, Schadstoffe aus der Luft zu filtern, untersucht wurden.
Sie zeigte sich hierbei als sehr effektiv. Ihre attraktiven Blüten und ihre hohe Transpirationsrate
machen die Gerbera zu Recht zu einer der belieb-
testen Zimmerpflanzen.

FAMILIE
Asteraceae (Korbblütler)

HERKUNFT
Südliches Afrika

LICHT
Sonnig bis hell. Ein heller
Standort ist unverzicht-
bar, allerdings sollte die
Pflanze vor Hitze, beson-
ders mittags, geschützt
werden, da sie sonst rasch
verblüht.

TEMPERATUR
Tagsüber 16–18 °C,
nachts 7–10 °C.

SCHÄDLINGE UND PROBLEME
Blattläuse und Spinnmilben
können auftreten, wenn die
Luft zu warm und trocken
ist. Bei Überwässern droht
Wurzelfäule.

PFLEGE
Die Erde sollte gleich-
mäßig feucht, aber nicht
naß gehalten werden. In
der Wachstumsperiode
regelmäßig düngen.

MEDIUM
Einheitserde

GESAMTBEWERTUNG   7,3

Abbau chemischer Schadstoffe

Pflegeleichtigkeit

Widerstandskraft gegen Insektenbefall

Transpirationsrate

DRAZÄNE

Dracaena deremensis 'Warneckei'

Die Drazäne 'Warneckei' ist bei Innenarchitekten beliebt, weil sie auch unter Bedingungen, wie man sie oft in Bürogebäuden vorfindet, wenig Licht und trockene Luft, gut gedeiht. Aber auch für den ökologischen Zimmergärtner ist sie empfehlenswert, vor allem, weil sie hervorragend Benzol aus der Luft filtert. Die Blätter der 'Warneckei' werden etwa 60 cm lang und 5 cm breit. Sie sind grün mit weißen und graugrünen Streifen. Die Pflanze wächst zwar langsamer als die 'Janet Craig', kann aber im Haus durchaus 3 m hoch werden. Zurückschneiden ist jederzeit möglich. Die 'Compacta' ist eine kleinere Sorte, die nur etwa 30–90 cm groß wird, aber ähnlich gute Noten erhalten hat.

Wenn die Blattspitzen sich braun färben, prüfen Sie, ob Sie bei der Wasser- und Düngermenge nicht zuviel des Guten tun. Die abgestorbenen Blattspitzen können mit der Schere entfernt werden; dabei sollten Sie auf die Erhaltung der natürlichen Blattform achten.

GESAMTBEWERTUNG   7,3

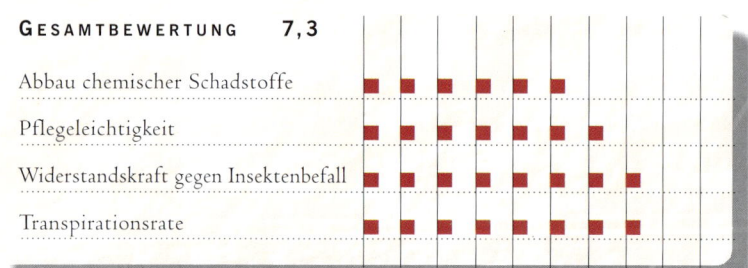

Abbau chemischer Schadstoffe

Pflegeleichtigkeit

Widerstandskraft gegen Insektenbefall

Transpirationsrate

FAMILIE
Agavaceae
(Agavengewächse)

HERKUNFT
Tropisches Afrika

LICHT
Halbschattig

TEMPERATUR
16–24 °C; toleriert kurzzeitig aber auch Temperaturen bis 10 °C.

SCHÄDLINGE UND PROBLEME
Wurzelfäule bei zuviel Wasser oder Kälte. Wird gelegentlich von Spinnmilben, Blatt- oder Schmierläusen befallen, wenn die Luft zu trocken ist.

PFLEGE
Gleichmäßig feucht halten. Keinen extremen Bedingungen aussetzen, da sonst die Blätter schnell herabhängen. Im Frühjahr und Sommer alle zwei Wochen düngen. Im Winter seltener gießen und nicht düngen. Oft besprühen oder die Blätter feucht abwischen. Keinen künstlichen Blattglanz verwenden.

MEDIUM
Einheitserde mit ausreichender Entwässerung. Auch für Hydrokultur geeignet, dann allerdings seltener gießen.

DRACHENBAUM

Dracaena marginata

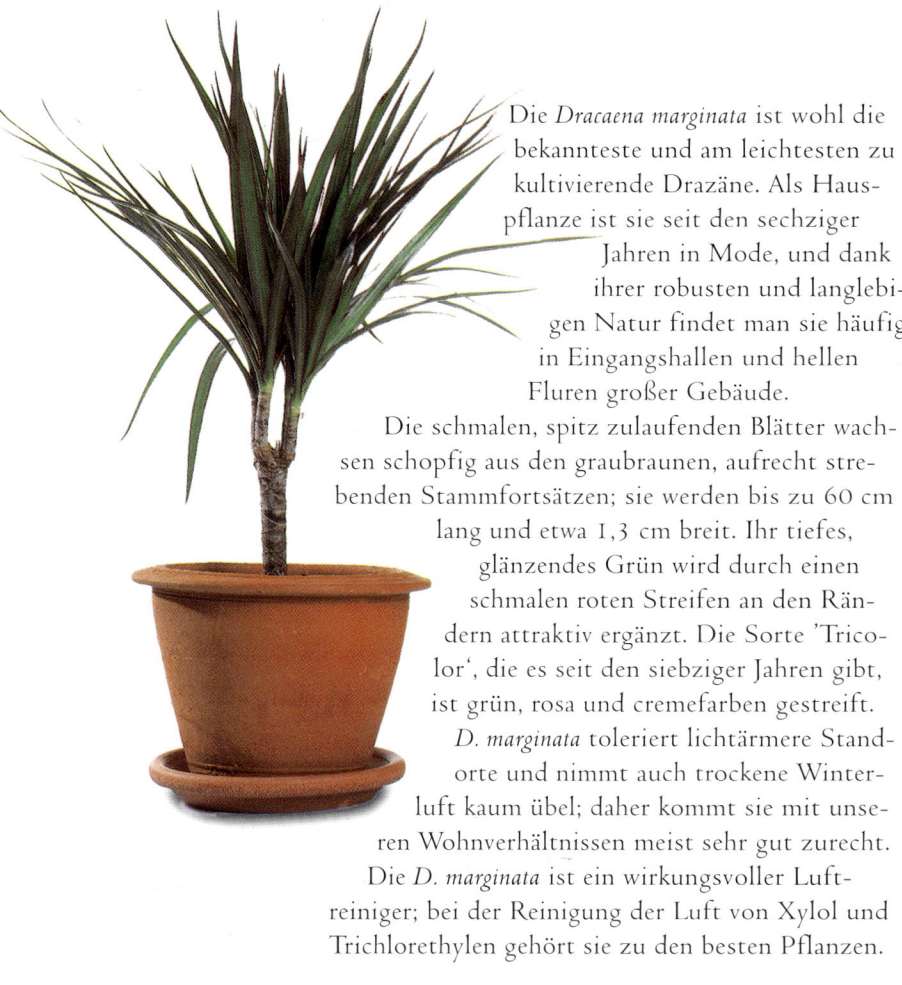

Die *Dracaena marginata* ist wohl die bekannteste und am leichtesten zu kultivierende Drazäne. Als Hauspflanze ist sie seit den sechziger Jahren in Mode, und dank ihrer robusten und langlebigen Natur findet man sie häufig in Eingangshallen und hellen Fluren großer Gebäude.

Die schmalen, spitz zulaufenden Blätter wachsen schopfig aus den graubraunen, aufrecht strebenden Stammfortsätzen; sie werden bis zu 60 cm lang und etwa 1,3 cm breit. Ihr tiefes, glänzendes Grün wird durch einen schmalen roten Streifen an den Rändern attraktiv ergänzt. Die Sorte 'Tricolor', die es seit den siebziger Jahren gibt, ist grün, rosa und cremefarben gestreift.

D. marginata toleriert lichtärmere Standorte und nimmt auch trockene Winterluft kaum übel; daher kommt sie mit unseren Wohnverhältnissen meist sehr gut zurecht. Die *D. marginata* ist ein wirkungsvoller Luftreiniger; bei der Reinigung der Luft von Xylol und Trichlorethylen gehört sie zu den besten Pflanzen.

FAMILIE
Agavaceae
(Agavengewächse)

HERKUNFT
Madagaskar

LICHT
Halbschattig

TEMPERATUR
16–24 °C; nachts toleriert die Pflanze kurzzeitig Temperaturen bis zu 10 °C.

SCHÄDLINGE UND PROBLEME
Wird selten durch Schädlinge attackiert. Bei trockener, geheizter Luft kann sie anfällig gegen Spinnmilben werden.

PFLEGE
Erde feucht, aber nicht naß halten. Im Frühjahr und Sommer regelmäßig düngen; auch Düngestäbchen mit Langzeitabgabe sind möglich. Im Winter selten gießen und nicht düngen. Ältere Blätter vergilben von Natur aus und sollten dann entfernt werden.

MEDIUM
In normalen Töpfen eignet sich Einheitserde am besten. Auch in Hydrokultur gedeiht die Pflanze prächtig.

GESAMTBEWERTUNG	7,0							
Abbau chemischer Schadstoffe	■	■	■	■	■			
Pflegeleichtigkeit	■	■	■	■	■	■		
Widerstandskraft gegen Insektenbefall	■	■	■			■		
Transpirationsrate	■	■	■	■				

PHILODENDRON (Baumfreund)

Philodendron erubescens

Dieser Philodendron hat etwa um 1900 Einzug in unsere Wohnzimmer gehalten und ist eine der populärsten Kletterpflanzen. Seine langen pfeilförmigen Blätter sind gelb geädert. Besonders geschätzt wird der *P. erubescens* wegen der leuchtend kupferfarbenen bis roten Unterseiten seiner Blätter. Zum Vermehren lassen Sie Sproßstecklinge einfach in feuchter Blumenerde wurzeln.

Wie alle Philodendren ist er leicht zu pflegen, solange er es warm und feucht hat. Allerdings braucht er einen Halt, an dem er emporklettern kann. Wasseraufnehmende, mit Torfmoos umwickelte Stecken sind hierfür ideal. Zu seinem optischen Reiz kommen die luftverbessernden Qualitäten. Unter allen kletternden Pflanzen gehört der *P. erubescens* zu den pflegeleichtesten.

FAMILIE
Araceae (Aronstabgewächse)

HERKUNFT
Südamerika

LICHT
Halbschattig bis schattig

TEMPERATUR
Ideal sind 16–21 °C. Nicht unter 13 °C oder über 24 °C.

SCHÄDLINGE UND PROBLEME
Gelegentlich Befall von Blatt-, Schild- oder Schmierläusen. Wurzelfäule bei kalter, nasser Erde.

PFLEGE
Während der Wachstumsperiode die Erde ohne Übernässung gleichmäßig feucht halten. Im Winter wenig gießen. Im Sommer schwach konzentriert düngen. Oft besprühen und die Blätter gelegentlich feucht abwischen.

MEDIUM
Wächst in Einheitserde und Hydrokultur gleichermaßen gut. Bei Hydrokultur seltener gießen.

GESAMTBEWERTUNG   7,0

Abbau chemischer Schadstoffe	■ ■ ■ ■ ■
Pflegeleichtigkeit	■ ■ ■ ■ ■ ■
Widerstandskraft gegen Insektenbefall	■ ■ ■ ■ ■ ■
Transpirationsrate	■ ■ ■

PURPURTUTE

Syngonium podophyllum

Die Purpurtute ist eine attraktive Pflanze, die wegen ihrer leichten Pflege und ihrer Widerstandsfähigkeit gegen Schädlingsbefall in privaten und öffentlichen Räumen gleichermaßen gern aufgestellt wird. Allein von *Syngonium podophyllum* gibt es 30 Sorten, die sich vor allem durch Form und Farbe des Laubes stark unterscheiden. Die Ähnlichkeit mit dem Philodendron ist unverkennbar. Sind die Blätter im Jugendstadium noch pfeilförmig, verändern sie sich mit zunehmendem Alter und sind dann, je nach Art, tief geteilt oder gelappt. Drei- oder fünflappige Blätter wachsen dann mit pfeilförmigen Blättern an derselben Pflanze.

Die Purpurtute liebt Feuchtigkeit, die Blätter sollten deshalb oft besprüht oder gelegentlich feucht abgewischt werden. In Ampeln sollte die Pflanze von Zeit zu Zeit gedreht werden, um ein gleichmäßiges Wachstum zu erreichen. Regelmäßiges Auskneifen ergibt einen dichten, buschigen Wuchs. In Hydrokultur ist ein Umtopfen selten nötig.

FAMILIE

Araceae (Aronstabgewächse)

HERKUNFT

Mittelamerika

LICHT

Hell bis schattig

TEMPERATUR

16–24 °C

SCHÄDLINGE UND PROBLEME

Bei zu trockener Luft ist selten der Befall durch Blatt-, Schild- und Schmierläuse sowie Spinnmilben möglich.

PFLEGE

Regelmäßig düngen, ausgenommen im Winter. Von Frühjahr bis Herbst das Substrat ohne Übernässung gleichmäßig feucht halten, im Winter die Erde zwischen dem Wässern antrocknen lassen. Häufig besprühen.

MEDIUM

Die Purpurtute gedeiht sowohl in Einheitserde als auch in Hydrokultur.

GESAMTBEWERTUNG   **7,0**

	Bewertung
Abbau chemischer Schadstoffe	▪ ▪ ▪
Pflegeleichtigkeit	▪ ▪ ▪ ▪ ▪ ▪
Widerstandskraft gegen Insektenbefall	▪ ▪ ▪ ▪ ▪ ▪
Transpirationsrate	▪ ▪ ▪ ▪

DIEFFENBACHIA

Dieffenbachia 'Exotica', 'Compacta'

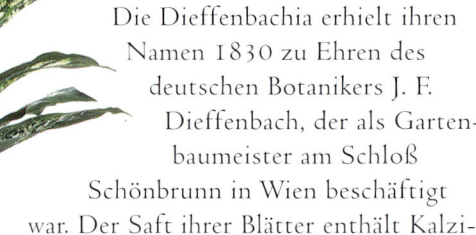

Die Dieffenbachia erhielt ihren Namen 1830 zu Ehren des deutschen Botanikers J. F. Dieffenbach, der als Gartenbaumeister am Schloß Schönbrunn in Wien beschäftigt war. Der Saft ihrer Blätter enthält Kalziumoxalat. Kommt der giftige Saft mit dem Mundraum in Berührung, kann dies zu ernsthaften Entzündungen und Schwellungen im Mund- und Rachenraum führen, die mit dem zeitweiligen Verlust der Stimme einhergehen können.

Dieffenbachia 'Exotica' ist eine atemberaubend schöne Grünpflanze und wurde von allen ihrer Art schnell zum Liebling der Zimmergärtner. Die 'Compacta' ist eine kleine Sorte mit breiten, cremefarbig gefleckten Blättern. Bunte Blätter verlieren bei Lichtmangel ihre Farbe. Gewöhnlich wird diese Dieffenbachia nicht größer als 60 cm. Die lanzettförmigen Blätter wachsen vom Stamm her nach außen und neigen sich sanft nach unten. Nachteilig ist ihr schnelles, oft einer Lichtquelle entgegenstrebendes Wachstum. Zurückschneiden ist möglich. Neue Triebe erscheinen rasch. Ihre große Blattoberfläche macht sie zu einem wirkungsvollen Luftreiniger.

FAMILIE

Araceae (Aronstabgewächse)

HERKUNFT

Tropisches Mittel- und Südamerika

LICHT

Hell bis halbschattig

TEMPERATUR

16–27 °C; toleriert aber kurzzeitig auch Temperaturen bis 9 °C.

SCHÄDLINGE UND PROBLEME

Spinnmilben, Blattläuse und Thripse. Wurzelfäule bei Übernässung.

PFLEGE

Mit kalkarmem, zimmerwarmem Wasser feucht halten. Im Winter sparsam gießen. Von März bis August schwach konzentriert düngen. Oft besprühen. Zugluft vermeiden.

MEDIUM

Bevorzugt TKS oder eine Mischung aus Lehm, Torf, Humus und Sand. Gut geeignet für Hydrokultur.

HINWEIS

Alle Pflanzenteile sind toxisch.

GESAMTBEWERTUNG	6,8							
Abbau chemischer Schadstoffe	■	■	■	■				
Pflegeleichtigkeit	■	■	■	■	■			
Widerstandskraft gegen Insektenbefall	■	■	■	■				
Transpirationsrate	■	■	■					

BERGPALME

Chamaedorea elegans

Die Bergpalme war schon zu Beginn des neunzehnten Jahrhunderts in England eine beliebte Zimmerpflanze, und das ist sie heute noch. Häufig wird sie in kleinen Gruppen verkauft. *C. elegans* hat, anders als die meisten Palmen, feingliedrige und elegant gefiederte Wedel. Sie wächst ausgesprochen langsam, wird selten über einen Meter groß, kann aber in Ausnahmefällen bis zu 1,80 m erreichen. Die Bergpalme ist ein robuster Geselle; weder nachlässige Pflege noch Mangel an Licht und Feuchtigkeit nimmt sie sonderlich übel. Nur nasse Füße mag sie auf keinen Fall.

Außergewöhnlich für Palmen: Sie kommt bereits als junge Pflanze zur Blüte. Wenn die Bergpalme sich wohl fühlt, blüht sie das ganze Jahr über. Um Probleme mit Pollen zu vermeiden, sollte man jedoch die Blütenstände rechtzeitig abschneiden. Zurückstutzen darf man sie allerdings nicht, sonst wachsen keine jungen Triebe nach.

FAMILIE
Palmae (Palmen)

HERKUNFT
Mexiko und Guatemala

LICHT
Hell bis halbschattig

TEMPERATUR
20–27 °C, im Winter etwas kühler.

SCHÄDLINGE UND PROBLEME
Zu trockene Luft führt häufig zum Befall mit Spinnmilben. Staunässe vermeiden, sonst droht Wurzelfäule.

PFLEGE
Wurzeln feucht halten. Während der Wachstumsperiode von März bis September häufig gießen. Alle drei bis vier Wochen schwach konzentriert flüssigen Blumendünger ins Gießwasser geben. Oft besprühen.

MEDIUM
Alle Palmen wachsen gut in Einheitserde oder Hydrokultur.

GESAMTBEWERTUNG	6,6
Abbau chemischer Schadstoffe	
Pflegeleichtigkeit	
Widerstandskraft gegen Insektenbefall	
Transpirationsrate	

BIRKENFEIGE

Ficus benjamina

Die Birkenfeige ist bei uns sehr beliebt; man findet sie in hellen Wohnzimmern ebenso wie in den Empfangshallen und Fluren großer Gebäude. Ihr größter Nachteil für den Zimmergärtner ist ihre Abneigung gegen Ortswechsel. Fühlt sie sich aber an einem Standort wohl, ist die Pflanze recht pflegeleicht. Dieser Ficus entfernt Luftschadstoffe sehr effektiv, besonders Formaldehyd. Die Laubfarbe der erhältlichen Arten reicht von Hell- bis Dunkelgrün. Mit ihren zierlichen Blättern und den graziös überhängenden, grauen Zweigen erinnert die Birkenfeige tatsächlich an unser heimisches Laubgehölz. Sie wird in drei Formen angeboten: als Baum, als Busch (mehrere Stämme in einem Topf) und als Geflecht (mit zwei oder drei verflochtenen Stämmen).

Bis sich der *F. benjamina* an einen neuen Standort gewöhnt hat, ist Blattfall nicht ungewöhnlich. Ältere Blätter werden von Natur aus gelb und fallen im Winter ab. Wenn sie sich an ihrem Standort wohl fühlt, kann die Pflanze recht alt werden. Sie wirkt besonders attraktiv, wenn man ihr eine Efeutute oder einen Efeu beistellt.

FAMILIE
Moraceae (Maulbeerbaumgewächse)

HERKUNFT
Tropen und Subtropen

LICHT
Sonnig bis hell

TEMPERATUR
Tagsüber 16–24 °C, nachts 13–20 °C.

SCHÄDLINGE UND PROBLEME
Schild- und Schmierläuse. Wurzelfäule durch Überwässern.

PFLEGE
Erde ohne Übernässung feucht halten. Im Sommer alle zwei Wochen düngen. *F. benjamina* mag eine gute Durchwurzelung; dann kann auf ein häufiges Umtopfen verzichtet werden.

MEDIUM
Gedeiht ausgezeichnet in Hydrokultur oder durch indirekte Bewässerung. Bei Kultivierung in Einheitserde ist etwas mehr Aufmerksamkeit nötig.

GESAMTBEWERTUNG	6,5							
Abbau chemischer Schadstoffe	■	■	■	■	■	■	■	
Pflegeleichtigkeit	■	■	■	■				
Widerstandskraft gegen Insektenbefall	■	■	■	■	■			
Transpirationsrate	■	■	■	■	■			

SCHEFFLERA (Strahlenaralie)

Brassaia actinophylla

Diese auch Regenschirmbaum genannte Schefflera wächst in Zimmerhaltung bis zur stattlichen Größe von 3 m heran. Ihre kleinere Artverwandte, *Schefflera arboricola*, ist gedrungener und wird nur etwa 1,20 m hoch. In den siebziger Jahren spielte die Strahlenaralie in den Großraumbüros und geräumigen Wohnzimmern eine Starrolle als Zimmerbaum, bevor sie von anderen Pflanzen etwas verdrängt wurde. Sie ist leicht zu kultivieren, braucht aber genügend Platz zur Entfaltung.

Am Ende der langen, schlanken Stengel der *B. actinophylla* bilden 7 bis 16 spitz zulaufende Blätter die Form eines aufgeklappten Regenschirms. Um den Wuchs einzudämmen und eine bessere Verzweigung zu erreichen, können die Pflanzen nach Bedarf dicht über den Knospen zurückgeschnitten werden.

Diese Pflanze ist bestens für Anfänger und nachlässige Zimmergärtner geeignet. Unangenehm ist ihre Neigung, Schädlinge anzuziehen. Beim Kauf sollte man darauf achten, daß die Pflanze gesund ist, und man sollte sie oft besprühen, um das Risiko von Schädlingsbefall zu senken.

FAMILIE
Araliaceae (Araliengewächse)

HERKUNFT
Nordostaustralien, Java, Taiwan, Neuguinea und Neuseeland

LICHT
Halbschattig

TEMPERATUR
18–24 °C; nicht unter 13 °C.

SCHÄDLINGE UND PROBLEME
Blattläuse, Spinnmilben, Schmier- und Schildläuse, besonders bei zu trockener Luft.

PFLEGE
Kräftig gießen und die Erde zwischen dem Wässern antrocknen lassen. Im Herbst und Winter seltener gießen. Im Frühjahr und Sommer mit wasserlöslichem Dünger alle zwei Wochen, im Herbst und Winter einmal im Monat düngen. Oft besprühen.

MEDIUM
Bewährte Hydropflanze. In normalen Töpfen bietet sich Einheitserde an.

GESAMTBEWERTUNG	6,5							
Abbau chemischer Schadstoffe		■	■	■	■	■	■	
Pflegeleichtigkeit	■	■	■	■	■	■		
Widerstandskraft gegen Insektenbefall	■	■						
Transpirationsrate	■	■	■	■	■			

SCHIEFBLATT

Begonia semperflorens

Die riesige Gattung der Begonien mit weit über 1000 Arten und daraus hervorgegangenen über 12 000 Hybriden und Sorten ist nach dem französischen Naturforscher Michael Begon benannt. *B. semperflorens* (die „Immerblühende") hat ein feines Wurzelsystem, das viele gedrungene, fleischige Stengel mit rundlichen Blättern hervorbringt. Eine gesunde Pflanze wird das ganze Jahr über blühen; die Farbpalette reicht von Weiß über Rosa, Rot, Orange und Gelb bis zu den verschiedensten Kombinationen daraus. Als Sukkulenten reagieren sie empfindlich auf Überwässern und mögen sonnige Standorte.

Begonien sind nicht besonders schwierig zu pflegen. Zusammen mit grünen Blattpflanzen angeordnet, bringen sie willkommene Farbtupfer in den Zimmergarten. Wenn die Blätter ausbleichen, stellen Sie die *B. semperflorens* an einen weniger sonnigen Platz. Bekommen sie braune Ränder, kann dies an zu trockener Luft liegen.

FAMILIE
Begoniaceae (Begoniengewächse)

HERKUNFT
Brasilien

LICHT
Sonnig bis hell

TEMPERATUR
16–24 °C

SCHÄDLINGE UND PROBLEME
Pilzerkrankungen oder Mehltau können auftreten, wenn die Luft zu feucht ist oder zu wenig zirkuliert.

PFLEGE
Ganzjährig alle zwei Wochen düngen. Zwischen dem Gießen die Erde antrocknen lassen. Begonien reagieren sehr empfindlich auf zu viel Wasser. Um lockeren Wuchs zu vermeiden und stärkere Blüten zu erhalten, können Sie junge Pflanzen auskneifen. Nicht besprühen; feuchte Blätter lassen die Sporen des Mehltaus gedeihen.

MEDIUM
Lockere Blumenerde mit gutem Wasserablauf.

GESAMTBEWERTUNG 6,3

Abbau chemischer Schadstoffe	
Pflegeleichtigkeit	
Widerstandskraft gegen Insektenbefall	
Transpirationsrate	

PHILODENDRON (Baumfreund)

Philodendron selloum

Unter den strauchigen Philo-dendronarten ist der *P. selloum* sicher der bekannteste, vor allem, weil er sich ausge-zeichnet als Zimmerpflanze bewährt hat. Erhältlich sind auch Zwerg- und Hybrid-formen. Er toleriert trocke-nere Luft, aber deutlich weniger Licht als die meisten anderen Philodendren. Bei guter Pflege hat der Pflanzenliebhaber jahre-lang Freude an ihm. Mit zunehmendem Alter wächst allerdings auch sein Platzbedarf.

Der *P. selloum* wirkt wegen seiner Form und Größe am eindrucksvollsten in weiten oder hohen Räumen. Seine großen, tief gelappten Blätter sitzen an langen Stielen. Je älter die Pflanze wird, desto tiefer teilen sich die Blätter. Viel Licht sowie eine angemessene Wärme und Feuchtigkeit lassen ihn kompakt und kräftig wachsen. Um seine Vitalität etwas zu bändigen, sollte man Dünger nur sparsam einsetzen und ihn in einem kleinen Topf halten.

FAMILIE

Araceae (Aronstabgewächse)

HERKUNFT

Südamerika

LICHT

Halbschattig

TEMPERATUR

Ideal sind 16–21 °C. Die Temperatur sollte aber nicht unter 13 °C sinken und nicht über 24 °C steigen.

SCHÄDLINGE UND PROBLEME

Gelegentlich Blatt-, Schild- und Schmierläuse. Wurzelfäule durch kalte, nasse Erde.

PFLEGE

Erde während der Wachs-tumsperiode ohne Übernässung gleichmäßig feucht halten. Im Winter sparsam gießen. Von April bis August schwach kon-zentriert, sonst überhaupt nicht düngen. Oft besprühen. Die Blätter gelegentlich feucht abwischen.

MEDIUM

Im normalen Topf ist Einheitserde am besten. *P. selloum* mag auch Hydrokultur.

GESAMTBEWERTUNG	6,3									
Abbau chemischer Schadstoffe	■	■	■							
Pflegeleichtigkeit	■	■	■	■	■	■	■			
Widerstandskraft gegen Insektenbefall	■	■	■	■	■	■				
Transpirationsrate	■	■	■	■	■					

KLETTERPHILODENDRON

Philodendron oxycardium (P. scandens)

Diese Pflanze ist leicht an ihren herzförmigen, spitz zulaufenden Blättern zu erkennen und die wohl bekannteste der Philodendron-Gesellschaft. Der *P. scandens* rankt sich bis zu zwei Metern Größe empor. Seine Lichtansprüche sind so bescheiden, daß er in vielen Wohnzimmern mitten im Raum noch zufriedenstellend wächst. In Europa kennt man ihn schon seit fast 200 Jahren.

Der Kletterphilodendron ist recht leicht zu pflegen. Wer ihn lieber buschig mag, sollte ihn öfter an den Jungtrieben einkürzen. Regelmäßiges Besprühen dankt er durch gesunde, dunkelgrüne, glänzende Blätter.

Zur Vermehrung läßt man Ableger in feuchter Blumenerde wurzeln. Er wächst nur langsam und eignet sich daher gut als Ampelpflanze oder zum Beranken von Raumteilern. Schädlinge befallen ihn selten. Einen gut sortierten Zimmergarten bereichert dieser Philodendron allemal.

FAMILIE
Araceae (Aronstabgewächse)

HERKUNFT
Südamerika

LICHT
Halbschattig bis schattig

TEMPERATUR
Zwischen 16 °C und 21 °C; nicht kälter als 13 °C und nicht wärmer als 24 °C.

SCHÄDLINGE UND PROBLEME
Selten Befall durch Blatt-, Schild- und Schmierläuse. Wurzelfäule bei Kälte und Nässe.

PFLEGE
Außer im Winter alle zwei Wochen düngen. Bei größeren Pflanzen normale Konzentration, bei kleineren Pflanzen den Dünger schwach dosieren. Die Erde gleichmäßig feucht halten, aber im Winter seltener gießen. Oft besprühen und die Blätter gelegentlich feucht abwischen.

MEDIUM
Wächst sowohl in Erde als auch in Hydrokultur. In jedem Fall braucht dieser Kletterer aber einen Halt für seine langen Triebe.

GESAMTBEWERTUNG	6,3								
Abbau chemischer Schadstoffe	■	■	■	■					
Pflegeleichtigkeit	■	■	■	■	■	■	■		
Widerstandskraft gegen Insektenbefall	■	■	■	■	■	■	■		
Transpirationsrate	■	■	■						

BOGENHANF

Sansevieria trifasciata

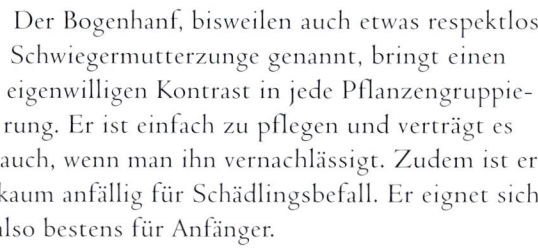

Der Bogenhanf, bisweilen auch etwas respektlos Schwiegermutterzunge genannt, bringt einen eigenwilligen Kontrast in jede Pflanzengruppierung. Er ist einfach zu pflegen und verträgt es auch, wenn man ihn vernachlässigt. Zudem ist er kaum anfällig für Schädlingsbefall. Er eignet sich also bestens für Anfänger.

S. trifasciata ist fast unverwüstlich; aus den hanfartigen Fasern fertigten afrikanische Eingeborene ihre Bogensehnen – daher der deutsche Name. Von den etwa 70 Arten ist die *S. trifasciata* die bekannteste. Ihre harten, speerförmigen Blätter ragen steif nach oben; sie werden etwa 5 cm breit und zwischen 60 und 120 cm lang. Nach einigen Jahren überraschen sie sogar mit kleinen, duftenden Blüten. Diese sollten jedoch bald entfernt werden, da sie eine klebrige, honigartige Masse absondern.

Anders als die meisten Hauspflanzen produziert der Bogenhanf Sauerstoff und verbraucht Kohlendioxid nicht tagsüber, sondern in der Nacht. Deshalb sollten Sie als Standort auch Schlafräume in Erwägung ziehen.

FAMILIE
Agavaceae
(Agavengewächse)

HERKUNFT
Tropisches Westafrika,
Indien

LICHT
Hell, halbschattig oder
schattig

TEMPERATUR
18–27 °C

SCHÄDLINGE UND PROBLEME
Wird selten von Schädlingen befallen. Das Hauptrisiko ist Wurzelfäule durch zu viel Wasser.

PFLEGE
Sparsam gießen. Die Erde zwischen dem Wässern trocknen lassen. Etwa einmal monatlich dem Gießwasser einen Spritzer Dünger beigeben.

MEDIUM
Wächst in Einheitserde, muß aber alle ein bis zwei Jahre umgetopft werden. In Hydrokultur seltener umtopfen.

GESAMTBEWERTUNG   6,3

Abbau chemischer Schadstoffe	■	■	■					
Pflegeleichtigkeit	■	■	■	■	■	■	■	■
Widerstandskraft gegen Insektenbefall	■	■	■	■	■	■	■	■
Transpirationsrate	■	■						

DIEFFENBACHIA

Dieffenbachia camilla

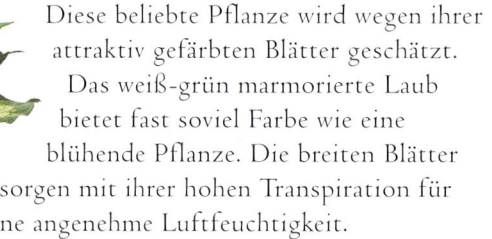

Diese beliebte Pflanze wird wegen ihrer attraktiv gefärbten Blätter geschätzt. Das weiß-grün marmorierte Laub bietet fast soviel Farbe wie eine blühende Pflanze. Die breiten Blätter sorgen mit ihrer hohen Transpiration für eine angenehme Luftfeuchtigkeit.

Der Saft aller Dieffenbachia-Arten enthält – wie schon bei 'Exotica' und 'Compacta' dargestellt – Kalziumoxalat. Diese Chemikalie verursacht bei Berührung mit der Mundschleimhaut üble Entzündungen und Schwellungen im Mund- und Rachenraum, die mehrere Tage andauern und mit dem Verlust der Stimme einhergehen können.

D. camilla fühlt sich in den meisten Wohn- und Arbeitsräumen wohl, bevorzugt aber helles, gefiltertes Licht in der Nähe sonniger Fenster. Ist der Standort zu dunkel, verlieren buntlaubige Sorten ihre Farbe. Die Zwergform erreicht nur etwa 60 cm Höhe und ist deshalb für Wohnzimmer empfehlenswert.

FAMILIE
Araceae (Aronstabgewächse)

HERKUNFT
Kolumbien, Venezuela und Ecuador

LICHT
Hell bis halbschattig

TEMPERATUR
16–29 °C; toleriert kurzzeitig Kälte bis zu 8 °C, verliert bei länger anhaltenden niedrigen Temperaturen aber Blätter.

SCHÄDLINGE UND PROBLEME
Spinnmilben, Blatt- und Schmierläuse sowie Blasenfuß.

PFLEGE
Mit zimmerwarmem Wasser feucht halten. Im Winter sparsam gießen. Von März bis August schwach konzentriert flüssig düngen. Oft besprühen. Die Pflanze verträgt keine Zugluft.

MEDIUM
Gartenerde mit Laubmull im Verhältnis 1 : 3 mischen. Auch Hydrokultur kommt in Frage.

HINWEIS
Alle Pflanzenteile sind giftig.

GESAMTBEWERTUNG	6,2
Abbau chemischer Schadstoffe	
Pflegeleichtigkeit	
Widerstandskraft gegen Insektenbefall	
Transpirationsrate	

PHILODENDRON (Baumfreund)

Philodendron domesticum (P. hastatum)

Der *P. domesticum* wird bisweilen auch noch als *P. hastatum* angeboten. Er ist leicht zu pflegen und ziemlich unempfindlich gegen Schädlingsbefall. Wie viele Tropenpflanzen mag auch dieser Philodendron feuchte Wärme und indirektes Licht.

Die ausgewachsenen Blätter werden etwa 17 cm lang und bis zu 10 cm breit. In seiner natürlichen Umgebung blüht der *P. domesticum* gelblich-weiß, als Kulturpflanze allerdings selten. Diese Art wächst langsamer als viele andere Philodendren, muß aber gestützt werden. Empfehlenswert sind wasseraufnehmende Stützen, zum Beispiel Moosstecken. Diese attraktive Pflanze eignet sich für Wohnräume und Arbeitsbereiche gleichermaßen.

FAMILIE
Araceae (Aronstabgewächse)

HERKUNFT
Brasilien

LICHT
Schattig oder halbschattig

TEMPERATUR
Ideal sind 16–21 °C. Die Temperatur darf aber nicht unter 13 °C fallen und nicht über 24 °C steigen.

SCHÄDLINGE UND PROBLEME
Blatt-, Schild- und Schmierläuse. Wurzelfäule durch kalte, nasse Erde.

PFLEGE
In der Wachstumsperiode die Erde ohne Übernässung gleichmäßig feucht halten. Im Winter seltener gießen. Ganzjährig schwach konzentriert düngen. Oft besprühen. Die Blätter hin und wieder mit einem feuchten Tuch oder Schwamm säubern.

MEDIUM
Gedeiht sowohl in Einheitserde als auch in Hydrokultur, dann aber seltener gießen.

GESAMTBEWERTUNG	6,2
Abbau chemischer Schadstoffe	
Pflegeleichtigkeit	
Widerstandskraft gegen Insektenbefall	
Transpirationsrate	

ZIMMERTANNE

Araucaria heterophylla

Die Zimmertanne (auch Norfolktanne genannt) ist ein hübscher, immergrüner Nadelbaum, der von Captain Cook und seinem Botaniker Joseph Banks 1775 auf den Norfolkinseln entdeckt wurde. Über 15 Arten sind bekannt, allerdings eignet sich nur *A. heterophylla* für die Zimmerhaltung. Die weichen Nadeln sind zunächst hellgrün, dunkeln mit zunehmendem Alter aber nach. In ihrer Heimat wächst die Norfolktanne bis zu 60 m Höhe heran, als Zimmerpflanze wird sie höchstens bis zu 3 m hoch. Die Pflanze wächst langsam – meist um eine Astetage pro Wachstumsperiode.

Zimmertannen sind relativ einfach zu pflegen. Der Zimmergärtner muß jedoch den geringen Wärme- und (insbesondere im Winter) Wasserbedarf der aparten Pflanze besonders beachten, damit sie nicht die Äste hängen läßt und ihre Nadeln abwirft.

FAMILIE
Pinaceae (Kieferngewächse)

HERKUNFT
Norfolkinseln (Südpazifik)

LICHT
Sonnig bis halbschattig

TEMPERATUR
18–22 °C. Im Winter darf es deutlich kühler sein, aber nicht unter 5 °C.

SCHÄDLINGE UND PROBLEME
Blatt- und Schmierläuse

PFLEGE
Während der aktiven Wachstumsphase zwischen März und August mit weichem Wasser leicht feucht halten. Im Winter kaum gießen. In der Wachstumsperiode dem Gießwasser schwach konzentrierten kalkarmen Dünger beigeben. Oft besprühen.

MEDIUM
Gedeiht in Einheitserde, Hydrokultur und mit indirekter Bewässerung.

GESAMTBEWERTUNG   6,2

Abbau chemischer Schadstoffe	■	■							
Pflegeleichtigkeit	■	■	■	■	■				
Widerstandskraft gegen Insektenbefall	■	■	■	■	■		■	■	
Transpirationsrate	■	■		■					

HOMALOMENA

Homalomena walisii

Die Homalomena ist eine
attraktive Pflanze, aber
nicht leicht zu kultivie-
ren. Wenn robustere
Arten gezüchtet wer-
den, dürfte sie auch
populärer werden.
Bei der Filterung
von Ammoniak aus der Luft hat sie als
eine der besten aller untersuchten Pflanzen abgeschnitten.

Heute gibt es etwa 130 Arten von
Homalomena, von denen aber nur
H. walisii verbreitet in Zimmerkultur
gehalten wird. Die Gattung wird manch-
mal mit *Schismatoglottis* verwechselt, obwohl sie nicht
mit ihr, sondern mit den Philodendren verwandt ist.
Ihre ovalen Blätter sind dunkel- bis olivgrün mit
silbrigen oder cremefarbenen Sprenkeln. Bis zu
20 cm lang werden sie bei ausgewachsenen Pflanzen. Die temperamentvolle Homalomena ist im
heimischen Wohnzimmer, besonders von Anfängern,
schwer zufriedenzustellen und wohl auch deshalb
nicht sonderlich populär. Innenarchitekten allerdings schätzen sie als spektakuläre Bereicherung der
Begrünung in Bürogebäuden.

FAMILIE
Araceae (Aronstabgewächse)

HERKUNFT
Tropische Regionen in
Afrika und Amerika

LICHT
Halbschattig bis schattig

TEMPERATUR
16–24 °C. Zugluft
vermeiden.

**SCHÄDLINGE
UND PROBLEME**
Spinnmilben bei zu war-
mer und trockener Luft.

PFLEGE
Gleichmäßig feucht hal-
ten. Zimmerwarmes, wei-
ches Wasser (möglichst
Regenwasser) verwenden.
Von Frühjahr bis Herbst
einmal wöchentlich
schwach konzentriert
düngen.

MEDIUM
Einheitserde mit gutem
Wasserablauf ist günstig.

GESAMTBEWERTUNG   6,0

Abbau chemischer Schadstoffe

Pflegeleichtigkeit

Widerstandskraft gegen Insektenbefall

Transpirationsrate

MARANTE

Maranta leuconeura 'Kerchoviana'

Die Marante ist mit ihren aufregend und mehrfarbig gezeichneten Blättern und ihrer Eigenart, die Blätter zum Konservieren von Feuchtigkeit nachts wie eine Tüte zusammenzurollen, sicher eine hochinteressante Bereicherung des Zimmergartens. Wegen ihrer markant geformten, stärkehaltigen Wurzelstöcke wird die Pflanze in ihrer Heimat als Nutzpflanze angebaut.

M. leuconeura ist klein und buschig mit breiten, hellgrünen Blättern mit dunkelgrün bis braun gefärbten Bändern beiderseits der Mittelrippe. Die Pflanzen werden kaum größer als 20 bis 30 cm. Statt in die Höhe, wachsen sie mit zunehmendem Alter in die Breite. Solange die recht genügsame *Maranta* 'Kerchoviana' ihre Blätter tagsüber öffnet und zur Schlafstellung wieder einrollt, können Sie ziemlich sicher sein, daß sie sich in ihrer Umgebung wohl fühlt.

FAMILIE
Marantaceae (Marantengewächse)

HERKUNFT
Südamerika

LICHT
Hell bis halbschattig

SCHÄDLINGE UND PROBLEME
Spinnmilben und Schmierläuse bei trockener, geheizter Luft. Braune Blattränder bei zu kühlen Temperaturen.

PFLEGE
Gleichmäßig feucht halten, im Winter jedoch seltener gießen. Im Frühjahr und Sommer alle zwei Wochen düngen. Häufig besprühen. Alte, fransige Blätter entfernen.

MEDIUM
Gedeiht in Einheitserde oder in Hydrokultur.

GESAMTBEWERTUNG   6,0

Abbau chemischer Schadstoffe	
Pflegeleichtigkeit	
Widerstandskraft gegen Insektenbefall	
Transpirationsrate	

ZWERGBANANE

Musa cavendishii

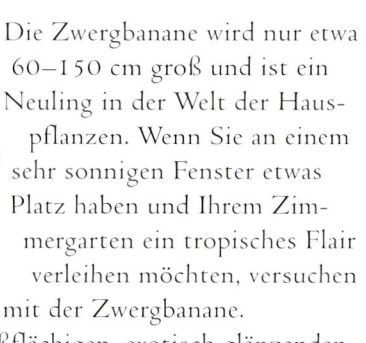

Die Zwergbanane wird nur etwa 60–150 cm groß und ist ein Neuling in der Welt der Hauspflanzen. Wenn Sie an einem sehr sonnigen Fenster etwas Platz haben und Ihrem Zimmergarten ein tropisches Flair verleihen möchten, versuchen Sie es mit der Zwergbanane. Ihre großflächigen, exotisch glänzenden Blätter setzen einen fremdländischen Akzent. Ihr enormes Bedürfnis nach Licht, Wärme und Feuchtigkeit machen sie jedoch zu einem höchst anspruchsvollen Gast. Früchte produziert die Zwergbanane in Zimmerkultur wegen Lichtmangels fast nie. Auch teilen sich ihre Blätter gern und sehen dann fransig und ungepflegt aus. Doch wahrscheinlich wird die Zwergbanane in der Regel höchstens ein Jahr lang erfreulich anzusehen sein.

Ihre großen Blätter sorgen für eine natürlich hohe Transpirationsrate, was sie für im Winter geheizte Wohnzimmer mit trockener Luft empfehlenswert macht.

FAMILIE
Musaceae (Bananengewächse)

HERKUNFT
Tropisches Asien und der Westpazifik

LICHT
Sonnig bis hell

TEMPERATUR
18 °C bis 24 °C, toleriert kurzzeitig aber auch Temperaturen bis zu 10 °C.

SCHÄDLINGE UND PROBLEME
Spinnmilben und Schmierläuse

PFLEGE
Stets feucht halten, aber Staunässe vermeiden. Mit jedem Gießwasser etwas Dünger beigeben, ausgenommen im Winter.

MEDIUM
In einen Topf mit 30 cm Durchmesser Einheitserde und Torfmoos zu gleichen Teilen geben. Bei Hydrokultur seltener gießen und umtopfen.

GESAMTBEWERTUNG   5,8

Abbau chemischer Schadstoffe	
Pflegeleichtigkeit	
Widerstandskraft gegen Insektenbefall	
Transpirationsrate	

WEIHNACHTS- UND OSTERKAKTUS

Schlumbergera bridgesii; S. gaertneri (Rhipsalidopsis gaertneri)

Diese Blattkakteen sind wunderschön anzuschauende Hausgenossen. Der Weihnachtskaktus hat leuchtendgrüne, bogige, alle 4 cm segmentierte Triebe. Während der Blüte im Dezember neigen sich die Triebe tiefer als gewöhnlich. Die heute kommerziell angebotenen Hybriden sind eine Kreuzung aus *Zygocactus truncatus* und *Schlumbergera russeliana*. Ihre Blütenfarben reichen von Weiß über Rosa, Rot, Purpur, Violett bis zu Gelb. Die Farbenpracht blüht unter guten Bedingungen mehrere Wochen lang.

Der Osterkaktus sieht ähnlich aus, blüht aber im Frühling und wächst etwas aufrechter. Beide Kakteen gehören zu den wenigen Pflanzen, die in der Nacht Kohlendioxid aufnehmen und Sauerstoff abgeben. Sie können recht groß werden und leben bei richtiger Pflege viele Jahre. Die Vermehrung erfolgt einfach durch Anwurzelung abgetrennter Triebstücke in sandiger Erde.

FAMILIE
Cactaceae (Kakteen)

HERKUNFT
Brasilien

LICHT
Hell

TEMPERATUR
18–22 °C

SCHÄDLINGE UND PROBLEME
Im allgemeinen sehr widerstandsfähig gegen Schädlingsbefall, kann aber unter Streß von Schmierläusen und Spinnmilben befallen werden. Bei Veränderungen der Lebensbedingungen (Zugluft, Gießfehler, Temperaturschwankung usw.) können die Knospen abfallen. Übernässung führt zu Wurzelfäule.

PFLEGE
Erde durchfeuchten und zwischen dem Wässern trocknen lassen. Im Sommer alle zwei Wochen düngen, danach Wasser- und Düngermenge verringern, damit die Blätter reifen können. Häufig besprühen.

MEDIUM
Günstig ist eine Mischung aus einem Teil Einheitserde, zwei Teilen Laubmull und einem Teil Sand.

GESAMTBEWERTUNG   5,8

Abbau chemischer Schadstoffe	■ ■ ■
Pflegeleichtigkeit	■ ■ ■ ■ ■ ■
Widerstandskraft gegen Insektenbefall	■ ■ ■ ■ ■ ■
Transpirationsrate	■ ■

KLIMME

Cissus rhombifolia 'Ellen Danika'

Die Klimme ist eine dekorative, rankende Grünpflanze, die in der Wohnung an allen Plätzen gedeiht, solange sie nicht der prallen Sonne ausgesetzt wird. Gelegentliches Zurückschneiden fördert einen buschigen Wuchs. Der rötliche Schimmer ihrer Blätter kommt gut in einer Hängeampel zur Geltung.

'Ellen Danika' ist hierzulande besonders beliebt. Zwar wird sie meist als Ampelpflanze gehalten, eignet sich aber ebenso gut als Kletterer. Diese pflegeleichte Klimme hat ihren botanischen Zunamen *rhombifolia* (die „Rautenblättrige") ihren markant geformten Blättern zu verdanken, die an Eichenlaub erinnern und ebenso wie die Stengel zart behaart sind. Sie wächst außerordentlich schnell und kompakter als andere Sorten. Um ein Auswuchern zu vermeiden, können Sie gelegentlich junge Spitzen entfernen; die Pflanze treibt dann wieder aus. Auch im Büro gibt 'Ellen Danika' eine gute Figur ab, denn sie nimmt es nicht übel, wenn sie ein wenig vernachlässigt wird.

Steht genügend Platz zur Verfügung, kann man die Klimme auch am Spalier kultivieren. Damit vergrößert man die Blattfläche, was ein effektiveres Reinigen der Luft zur Folge hat. Spalierpflanzen werden gern in Hydrokultur gehalten, weil man dann nicht so häufig gießen muß.

FAMILIE
Vitaceae (Weinrebengewächse)

HERKUNFT
Von Mexiko bis Kolumbien.

LICHT
Hell bis halbschattig

TEMPERATUR
Tagsüber 18–24 °C, nachts 13–18 °C.

SCHÄDLINGE UND PROBLEME
Kann bei zu warmem Standort von Spinnmilben befallen werden und – besonders im Winter – bei feuchter Erde unter Pilzbefall leiden.

PFLEGE
Kräftig gießen, die obere Erdschicht zwischen dem Wässern trocknen lassen. Zwischen März und August dem Gießwasser sehr wenig Dünger beigeben.

MEDIUM
Einheitserde. Die Klimme gedeiht auch in Hydrokultur.

GESAMTBEWERTUNG   5,7

Abbau chemischer Schadstoffe	
Pflegeleichtigkeit	
Widerstandskraft gegen Insektenbefall	
Transpirationsrate	

SCHLANGENWURZ

Liriope spicata

Meist wird diese immergrüne Staude im Freiland als Rabatten-umrandung oder in Steingärten gepflanzt; sie hat sich aber auch als ein ungewöhn-licher und verträglicher Hausgenosse erwiesen. Sie wirkt alleinstehend ebenso attraktiv wie als Einrahmung größerer Pflanzenkombinationen. Von profes-sionellen Inneneinrichtern wird *Liriope* gerne und häufig eingesetzt. Ihre schmalen, grasartigen Blätter werden zwischen 15 und 45 cm lang und können sowohl rein grün als auch weiß gestreift sein. Eine ausgewachsene Pflanze erreicht nur etwa 30 cm Höhe und produziert im Sommer kleine, weißlich bis violett gefärbte Blüten in endständigen Trauben.

Die Vermehrung erfolgt einfach durch Teilung des Wurzelballens. *Liriope* hat sich besonders bei der Filterung von Ammoniak aus der Luft hervorgetan.

FAMILIE
Liliaceae (Liliengewächse)

HERKUNFT
China und Japan

LICHT
Hell bis halbschattig

TEMPERATUR
16–24 °C

SCHÄDLINGE UND PROBLEME
Schild- und Blattläuse bei zu trockener Luft.

PFLEGE
Die *Liriope* braucht als Sumpfpflanze ständig feuchte Erde. Im Frühjahr, Sommer und Herbst ein-mal monatlich düngen.

MEDIUM
Sandhaltige Blumenerde mit gutem Wasserablauf verwenden. In Hydro-kultur seltener gießen.

GESAMTBEWERTUNG 5,5

Abbau chemischer Schadstoffe									
Pflegeleichtigkeit									
Widerstandskraft gegen Insektenbefall									
Transpirationsrate									

DENDROBIUM

Dendrobium spec.

Der Gattungsname stammt aus dem Griechischen und bedeutet „Leben im Baum", womit angedeutet wird, daß die meisten Arten epiphytisch leben. Das heißt, sie nutzen einen Wirtsbaum als Halt, ohne sich nach Art des Schmarotzers von ihm auch zu ernähren. Wüstenpflanzen wie Kakteen und Dschungelpflanzen wie Orchideen sowie epiphytische Bromelien absorbieren Kohlendioxid nachts. Wer als Anfänger Orchideen im Zimmer halten will, sollte Hybriden wählen, weil sie die Lebensbedingungen in Wohnräumen besser vertragen. Wenn die Ansprüche an Licht, Feuchtigkeit und Temperatur erfüllt werden, bringt Dendrobium zauberhaft schöne Blüten hervor, die über viele Wochen halten.

Welche besonderen Wachstumsbedingungen die einzelnen Arten brauchen, sollte man beim Kauf erfragen. Um zu blühen, wollen einige Arten im Herbst kühl stehen, andere brauchen eine Trockenperiode und wieder andere vielleicht beides. Die farbenprächtigen Blüten stehen in Trauben zusammen. Dendrobium hat beim Entfernen von Alkoholen, Aceton, Formaldehyd und Chloroform zufriedenstellende Ergebnisse erzielt.

FAMILIE
Orchidaceae (Orchideen)

HERKUNFT
Australien, China, Indien, Indonesien, Japan, Korea, Neuseeland

LICHT
Hell

TEMPERATUR
Tagsüber 16–24 °C, nachts 13–18 °C.

SCHÄDLINGE UND PROBLEME
Überwässern kann zu Pilzinfektionen führen. Schildläuse und Spinnmilben können bei zu trockener Luft auftreten.

PFLEGE
Im Frühling und Sommer großzügig gießen. Im Winter nur so viel gießen, daß die Zwiebeln nicht schrumpeln; nicht düngen. Oft besprühen, besonders im Sommer.

MEDIUM
Fertigsubstrat für Orchideen oder eine Mischung aus Torf, Sumpfmoos und Farnwurzeln verwenden.

GESAMTBEWERTUNG	5,5							
Abbau chemischer Schadstoffe		■	■	■	■	■		
Pflegeleichtigkeit		■	■	■				
Widerstandskraft gegen Insektenbefall		■	■	■	■			
Transpirationsrate		■	■	■	■			

GRÜNLILIE

Chlorophytum comosum 'Vittatum'

Diese unkomplizierte Topfpflanze wird nur selten in der reingrünen Art angeboten; die hier vorgestellte 'Vittatum' hat 15–30 cm lange Blätter mit einem gelblichweißen Mittelstreifen und grünem Rand. Charakteristisch für Grünlilien (manchmal auch Graslilien genannt) sind die bisweilen meterlang herabhängenden Triebe, aus deren Spitzen sich kleine weiße Blüten entwickeln. Die an den Blütenstielen wachsenden Ableger können zur Vermehrung entfernt oder auch an der Elternpflanze gelassen werden. Das Gewächs ist ideal für eine Hängeampel oder zumindest einen erhöhten Standort, zum Beispiel auf einem schmalen Blumenständer. In jedem Fall sollten Sie die Pflanze gelegentlich drehen, um einen gleichmäßigen Wuchs sicherzustellen.

FAMILIE
Liliaceae (Liliengewächse)

HERKUNFT
Südafrika

LICHT
Hell bis halbschattig

TEMPERATUR
Tagsüber 18–24 °C,
nachts 13–18 °C.

**SCHÄDLINGE
UND PROBLEME**
Bei zu trockenem Standort
droht Befall von Blatt-,
Schild- und Schmierläusen.

PFLEGE
Ständig feucht halten. Im
Frühjahr und Sommer
regelmäßig düngen,
im Herbst und Winter
weniger.

MEDIUM
Wächst in Hydrokultur
und Einheitserde
gleichermaßen gut.

GESAMTBEWERTUNG   5,4

Abbau chemischer Schadstoffe

Pflegeleichtigkeit

Widerstandskraft gegen Insektenbefall

Transpirationsrate

KOLBENFADEN

Aglaonema crispum 'Silver Queen'

Dieses beliebte Aronstabgewächs ist mit der Dieffenbachia verwandt und hat auch ähnliche Pflegeansprüche. Der Kolbenfaden duldet zwar Lichtmangel, aber keine Temperatur unter 13 °C. Die hellgrünen, grau panaschierten Blätter der 'Silver Queen' stechen besonders in Gruppierungen mit dunkelgrün belaubten Pflanzen hervor.

Die 'Silver Queen' hat attraktive, 15–30 cm lange lanzettförmige Blätter, die auf kurzen, flach wurzelnden Stengeln sitzen. Bei guten Lebensbedingungen blüht sie im Spätsommer oder Frühherbst. Nach der Blüte bringt sie ihre auffälligen roten Beerenfrüchte hervor, die allerdings giftig sind. Als recht langsam wachsende Pflanze erreicht der Kolbenfaden immerhin einen knappen Meter Höhe und Breite.

Die hervorstechendste Eigenschaft dieser Pflanze ist ihre Fähigkeit, auch an weniger hellen Standorten zu wachsen. Dies und ihr dekoratives Laub machen sie zu einer beliebten Hauspflanze. Darüber hinaus nimmt ihre luftreinigende Kraft mit dem Grad der Luftverschmutzung zu.

FAMILIE
Araceae (Aronstabgewächse)

HERKUNFT
Südostasien

LICHT
Halbschattig bis schattig

TEMPERATUR
16–21 °C. Diese Pflanze verträgt keine kühlen Temperaturen.

SCHÄDLINGE UND PROBLEME
Kann bei zu trockener Raumluft von Spinnmilben, Blatt-, Schild- und Schmierläusen befallen werden.

PFLEGE
Während der Wachstumsperiode mit weichem, lauwarmem Wasser feucht halten; im Winter etwas trockener halten. Alle zwei Wochen schwach konzentriert düngen. Nicht besprühen, da sonst Blattflecken auftreten.

MEDIUM
Einheitserde oder Substrate mit geringerem Erdanteil.

HINWEIS
Die Pflanze enthält Substanzen, die Haut und Schleimhäute reizen. Die Beeren sind giftig. Sie können mit einer Schere entfernt werden.

GESAMTBEWERTUNG 5,3

	Bewertung
Abbau chemischer Schadstoffe	■ ■ ■ ■
Pflegeleichtigkeit	■ ■ ■ ■ ■ ■
Widerstandskraft gegen Insektenbefall	■ ■ ■ ■
Transpirationsrate	■ ■ ■ ■

FLAMINGOBLUME

Anthurium andreanum

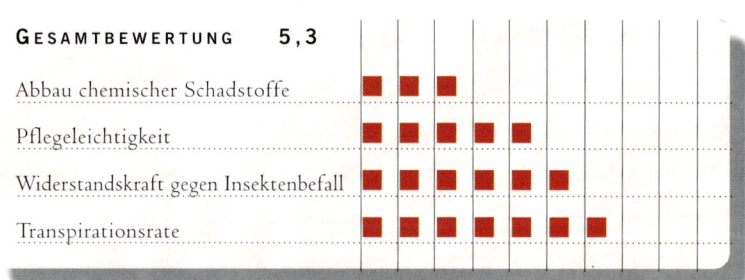

Es gibt schätzungsweise 600 Anthurien-arten, aber nur drei eignen sich bedingt für die Zimmerkultur. Flamingoblumen stammen aus den Tropen und sind demzufolge feuchtwarme Lebensbedin-gungen gewohnt, die sich hierzulande nicht leicht herstellen lassen. *Anthurium* gehört zur selben Familie wie *Spathiphyllum* (Einblatt) und wird ebenso wegen des farbi-gen Kontrastes der bunten Hochblätter gegen das dunkelgrüne Laub geschätzt. Anders als das Einblatt bringt die Flamingo-blume ihre Hochblätter (Spatha) in unter-schiedlichen Farben wie Weiß, Rosa, Rot oder Koralle hervor. Das Hüllblatt bleibt wochen-lang intakt, auch wenn man den Blütenstand wegen der Pollen herausbricht.

Anthurien sind schwer zu kultivieren. Wenn der Zimmergärtner die Temperatur- und Lichtwün-sche der Pflanze nicht genau erfüllt, reagiert sie äußerst empfindlich. Flamingoblumen lieben feuch-te Luft, die Trockenheit unserer Wohnzimmer und Büros macht ihnen zu schaffen. Bei richtiger Pflege jedoch kann sich ihre Blütezeit über das ganze Jahr erstrecken und lohnt schließlich doch die Mühe.

FAMILIE
Araceae (Aronstabgewächse)

HERKUNFT
Kolumbien

LICHT
Hell

TEMPERATUR
18–24 °C

SCHÄDLINGE UND PROBLEME
Spinnmilben bei zu trocke-ner Atmosphäre. Bei zu großer Kälte oder Feuchtig-keit droht Pilzbefall durch Grauschimmel (Botrytis).

PFLEGE
Von Frühling bis Herbst stets mit weichem, lauwar-mem Wasser feucht halten, im Winter aber sparsam gießen. Von März bis September in dreimal dünne-rer Konzentration als für andere Zimmerpflanzen dün-gen. Blätter gelegentlich mit feuchtem Tuch oder Schwamm reinigen. Nicht besprühen, da die Blätter sonst braune Flecken zeigen.

MEDIUM
TKS; möglich ist auch eine Mischung aus Sphagnum und Lauberde zu gleichen Teilen. Anthurien sind auch bewährte Hydropflanzen.

GESAMTBEWERTUNG	5,3								
Abbau chemischer Schadstoffe	■	■	■						
Pflegeleichtigkeit	■	■	■	■	■				
Widerstandskraft gegen Insektenbefall	■	■	■	■	■				
Transpirationsrate	■	■	■	■	■	■			

CROTON (Wunderstrauch)

Codiaeum variegatum pictum

Der buntbelaubte Croton bringt frische
Farbe in jede Gruppe von Grünpflanzen. Der deutsche Name dieses
aus Südostasien stammenden bei uns
kultivierten Wolfsmilchgewächses
rührt von früheren Zeiten, als
es noch *Croton variegatus* hieß. Seine
ledrigen Blätter wachsen aus einem
einzigen Stamm und kommen in
den unterschiedlichsten Farben
daher: Gelb, Orange, Rot, Grün und
Purpur. Junge Blätter sind grün, die Farben
stellen sich erst mit zunehmendem Alter
ein. Wenn der Strauch nicht hell genug
steht, verblassen die Farben jedoch. Reife
Pflanzen werden 60–120 cm groß.
Obwohl der Croton sehr hohe
Ansprüche stellt, belohnt er den geduldigen
Heimgärtner mit der leuchtenden Farbenpracht
seiner Blätter. An einem hellen, warmen und feuchten Ort – vielleicht vor einem sonnigen Fenster –
kann der Croton ein echtes Schmuckstück sein.

FAMILIE

Euphorbiaceae (Wolfs-
milchgewächse)

HERKUNFT

Sri Lanka, Malaysia und
Südindien

LICHT

Sonnig bis halbschattig

TEMPERATUR

Tagsüber 24–27 °C, nachts
18–21 °C. Zu vermeiden
sind plötzliche Temperaturschwankungen. Im Winter
ziemlich genau zwischen
16 und 18 °C.

**SCHÄDLINGE
UND PROBLEME**

Spinnmilben, Schildläuse
und braune Blattspitzen
können bei trockener
geheizter Luft auftreten.

PFLEGE

Erde gleichmäßig feucht
halten; im Winter weniger
gießen. Im Frühling und
Sommer einmal wöchentlich
mit schwach konzentriertem
Flüssigdünger düngen. Die
Blätter gelegentlich feucht
abwischen oder besprühen.

MEDIUM

Einheitserde. Hydrokultur
ist möglich und einfacher,
weil seltener gegossen und
umgetopft werden muß.

GESAMTBEWERTUNG	5,3
Abbau chemischer Schadstoffe	
Pflegeleichtigkeit	
Widerstandskraft gegen Insektenbefall	
Transpirationsrate	

WEIHNACHTSSTERN

Euphorbia pulcherrima

Der Weihnachtsstern erzielt seine Wirkung mit den leuchtend rot gefärbten Hochblättern, den Brakteen. Er bietet mitten in der kalten Jahreszeit ein willkommenes Farbenspiel und ist deshalb im Winter häufig zu sehen.

Seine Blüten sind unscheinbar. Unter den bunten Brakteen der oberen Etage, die außer rot noch weiß, rosa, cremefarben oder marmoriert sein können, wachsen schlichte grüne Blätter. Wer die Pflanze zum Blühen bringen möchte, sollte bedenken, daß *E. pulcherrima* eine Kurztagpflanze ist, die zur Blütenbildung eine zweimonatige Phase mit nur 10–11 Stunden Licht am Tag benötigt. Ab Oktober stellt man sie dazu jeden Tag 12 bis 14 Stunden unter einem Eimer oder Pappkarton völlig dunkel. Die Pflanze blüht dann ab Dezember. Doch Vorsicht: Schon der kleinste Lichtschein reicht aus, um die nötige Dunkelzeit zu unterbrechen. Wenn die Pflanze richtig blüht, wieder hell und zimmerwarm stellen.

FAMILIE
Euphorbiaceae (Wolfs-milchgewächse)

HERKUNFT
Südmexiko

LICHT
Halbschattig

TEMPERATUR
Tagsüber 18–21 °C, nachts 10–18 °C.

SCHÄDLINGE UND PROBLEME
Selten weiße Fliegen. Bei zu feuchter Erde kann Wurzelfäule auftreten.

PFLEGE
Gut wässern, sobald die obere Erdschicht trocken ist. Während seiner Ruheperiode von Frühling bis Mittsommer weniger gießen. Während der Wachstumsperiode den Sommer über alle zwei Wochen schwach konzentriert düngen.

MEDIUM
Einheitserde. Auch Hydrokultur ist möglich.

GESAMTBEWERTUNG	5,1
Abbau chemischer Schadstoffe	
Pflegeleichtigkeit	
Widerstandskraft gegen Insektenbefall	
Transpirationsrate	

AZALEE

Rhododendron simsii 'Compacta'

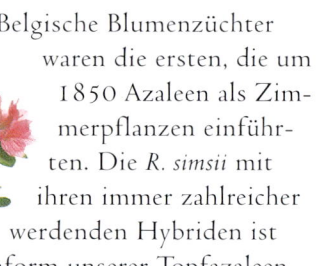

Belgische Blumenzüchter waren die ersten, die um 1850 Azaleen als Zimmerpflanzen einführten. Die *R. simsii* mit ihren immer zahlreicher werdenden Hybriden ist die Stammform unserer Topfazaleen und ungebrochen beliebt.

Die hier vorgestellte kleine 'Compacta' ist zwar eine Hauspflanze, gedeiht aber auch im Garten, sofern sie dort vor Frost geschützt wird. Zimmerazaleen blühen dank des Bemühens der Züchter inzwischen von Oktober bis Mai. Entfernen Sie nach der Blüte abgestorbene Blätter und Blüten, und setzen Sie die Pflanze in einem größeren Topf an einem schattigen Platz im Garten ins Erdreich, bis Sie sie im September oder Oktober wieder hereinholen.

Kaufen Sie Azaleen möglichst nicht in voller Blüte, sondern wählen Sie knospende Pflanzen, die schon etwas Farbe zeigen. Dann haben Sie länger etwas von der üppigen Blütenpracht.

FAMILIE
Ericaceae (Heidekrautgewächse)

HERKUNFT
Zentralchina und Japan

LICHT
Halbschattig

TEMPERATUR
Tagsüber 13–20 °C, nachts 7–16 °C.

SCHÄDLINGE UND PROBLEME
Spinnmilben bei zu warmem und trockenem Standort.

PFLEGE
Erde mit zimmerwarmem weichem Wasser (am besten Regenwasser) feucht halten. Sechs Wochen nach der Blütezeit mit dem Düngen beginnen: alle zwei Wochen mit normalem Dünger, im Herbst mit einem phosphorreichen und stickstoffarmen Dünger, um kräftige Blüten zu erzielen. Nur außerhalb der Blütezeit besprühen.

MEDIUM
Azaleen mögen sauren Boden und vertragen absolut keinen Kalk. Verwenden Sie Rhododendron-Erde oder eine Mischung aus Einheitserde, Torf und Sand zu gleichen Teilen.

GESAMTBEWERTUNG	5,1
Abbau chemischer Schadstoffe	
Pflegeleichtigkeit	
Widerstandskraft gegen Insektenbefall	
Transpirationsrate	

KORBMARANTE

Calathea makoyana

Manchmal wird dieses ungewöhnlich gefärbte Blattschmuckgewächs mit seiner engen Verwandten, der Pfeilwurz, verwechselt. Dabei hat die Korbmarante durchaus ihre unverkennbaren Eigenheiten. Die *C. makoyana* erinnert mit ihrer attraktiven Blattzeichnung und -färbung entfernt an die Federn eines Pfauenschwanzes. Die ovalen Blätter sind ca. 25–30 cm lang, außen hellgrün mit dunkelgrünen Streifen zur Mitte hin; hier und dort schimmert der silbrige Untergrund durch.

Die Korbmarante ist nur schwer in Zimmerkultur zufriedenzustellen. Wenn Wassermenge, Temperatur oder Luftfeuchtigkeit nicht ihren Ansprüchen genügen, rollt sie ihre Blätter ein oder sie werden braun.

Die gegenwärtig erhältlichen Sorten sind deshalb speziell auf die ihr fremden Lebensbedingungen hingezüchtet. Dennoch macht die Korbmarante dem Zimmergärtner noch eine Menge Arbeit, die mancher aber wegen der schmucken Belaubung gern auf sich nimmt.

FAMILIE
Marantaceae (Marantengewächse)

HERKUNFT
Tropische Regionen Amerikas

LICHT
Halbschattig

TEMPERATUR
18–27 °C

SCHÄDLINGE UND PROBLEME
Spinnmilben und Schildläuse

PFLEGE
Die Erde mit zimmerwarmem Wasser ohne Übernässung gleichmäßig feucht halten. Im Frühjahr und Sommer alle zwei Wochen schwach konzentriert düngen. Oft besprühen.

MEDIUM
Gedeiht prächtig in Einheitserde. In Hydrokultur sollten die Steinchen gelegentlich mit frischem Wasser gespült werden, weil die Pflanze empfindlich auf die Ansammlung von Salzen reagiert.

GESAMTBEWERTUNG	5,0								
Abbau chemischer Schadstoffe	■	■	■	■					
Pflegeleichtigkeit	■	■	■						
Widerstandskraft gegen Insektenbefall	■	■	■		■				
Transpirationsrate	■	■	■	■	■				

ECHTE ALOE

Aloe barbadensis

A. barbadensis wird seit mehr als 3000 Jahren als Heilpflanze benutzt; als Salbe lindert der Pflanzensaft Verbrennungen, und getrunken soll er gegen Arthritis helfen. Auch in vielen kosmetischen Produkten hierzulande wird Aloe verwendet.

Die *Aloe barbadensis* ist eine Sukkulente mit schmalen, gezahnten Blättern, die rosettenartig aufwärts wachsen. Gewöhnlich sind sie hellgrün mit weißen Punkten. Mit zunehmendem Alter vergraut das ganze Blatt jedoch. Die rötlichen bis knallroten Blüten sind nur bei älteren Exemplaren der Aloe zu erwarten. Durch abgetrennte Seitensprosse, die man nach dem Abtrocknen in sandige Erde steckt, läßt sie sich leicht vermehren.

Ebenso wie Bogenhanf, Orchideen und Bromelien unterscheidet sich die *Aloe barbadensis* von den meisten anderen Pflanzen dadurch, daß sie nachts Sauerstoff abgibt und Kohlendioxid aufnimmt; das Schlafzimmer ist deshalb ein günstiger Standort.

FAMILIE
Liliaceae (Liliengewächse)

HERKUNFT
Südliches Afrika

LICHT
Sonnig bis hell

TEMPERATUR
18–24 °C; im Winter um 10 °C, aber nicht unter 4 °C.

SCHÄDLINGE UND PROBLEME
Schädlingsbefall nur selten.

PFLEGE
Im Frühling, Sommer und Herbst nur leicht feucht halten, im Winter nur noch minimal gießen. Im Frühjahr und Sommer einmal monatlich düngen, im Herbst und Winter nicht düngen.

MEDIUM
Verwenden Sie Einheitserde mit gutem Wasserablauf.

GESAMTBEWERTUNG 5,0

Abbau chemischer Schadstoffe	■	■						
Pflegeleichtigkeit	■	■	■	■	■	■		
Widerstandskraft gegen Insektenbefall	■	■	■	■	■	■		
Transpirationsrate	■	■						

ALPENVEILCHEN

Cyclamen persicum

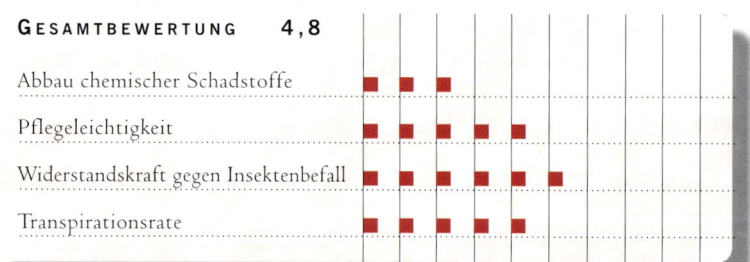

Das Alpenveilchen ist bei uns seit etwa 100 Jahren eine beliebte Topfpflanze. Die Gattung umfaßt rund 15 Arten, von denen *C. persicum* am häufigsten verlangt wird. Ihre Attraktion bezieht die Pflanze aus ihren Blüten, die sich auf langen Stielen über das dunkelgrüne, hübsch marmorierte Laub erheben. Das Alpenveilchen stammt ursprünglich aus bergigen Waldregionen. Sein Pflegegeheimnis besteht also aus Kühle mit einer guten Zirkulation. Deshalb ist es im Schlafzimmer besser aufgehoben als in warmen Wohnräumen; keinesfalls sollte es in der Nähe einer Heizung stehen.

C. persicum blüht, wenn es draußen kalt ist: von September bis April. Ihre Blüten gibt es inzwischen in Weiß, Rosa, Rot, Lachsfarben und Lila. Unter guten Bedingungen halten sich die Blüten mehrere Wochen lang. Am besten kaufen Sie solche Pflanzen, die kurz vor der vollen Blüte stehen, damit Sie länger Freude am Farbenspiel haben. Und werfen Sie die Pflanze nach der Blüte nicht leichtfertig weg: Sie läßt sich mühelos weiterkultivieren.

FAMILIE
Primulaceae (Primelgewächse)

HERKUNFT
Östliches Mittelmeergebiet

LICHT
Halbschattig

TEMPERATUR
16–22 °C

SCHÄDLINGE UND PROBLEME
Spinn- und Weichhautmilben

PFLEGE
Hier wird am meisten gesündigt. Erde zwischen Herbst und Frühjahr gleichmäßig feucht, aber nie naß halten. Im Sommer, wenn das Alpenveilchen eine Ruhepause einlegt, soll die Erde nur ganz leicht feucht sein. Während der Blüte alle zwei Wochen mit einem Spezialdünger in halber Normalkonzentration düngen.

MEDIUM
Einheitserde oder TKS genügen. Es gibt aber auch Spezialerde für Alpenveilchen.

GESAMTBEWERTUNG	4,8								
Abbau chemischer Schadstoffe	■	■	■						
Pflegeleichtigkeit	■	■	■	■					
Widerstandskraft gegen Insektenbefall	■	■	■	■	■				
Transpirationsrate									

LANZENROSETTE

Aechmea fasciata

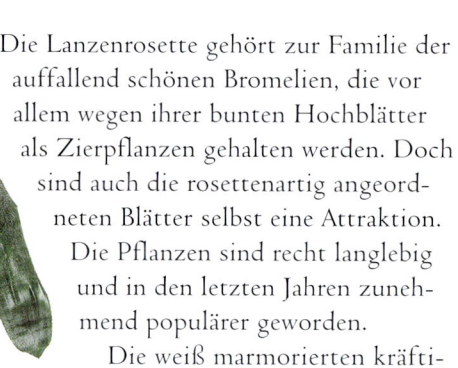

Die Lanzenrosette gehört zur Familie der auffallend schönen Bromelien, die vor allem wegen ihrer bunten Hochblätter als Zierpflanzen gehalten werden. Doch sind auch die rosettenartig angeordneten Blätter selbst eine Attraktion. Die Pflanzen sind recht langlebig und in den letzten Jahren zunehmend populärer geworden.

Die weiß marmorierten kräftigen Blätter fügen sich zu einer Rosette zusammen, in deren Mitte sich ein Trichter bildet. Aus dieser Zisterne taucht nach etlichen Jahren der bläuliche, später knallrosa gefärbte Blütenstand auf. Er hält sich mehrere Wochen lang, dafür blüht jede Blattrosette aber nur einmal. Bei guter Pflege bringt die *Aechmea* blühfähige Ableger hervor, die durch einfaches Umtopfen zur Reife gebracht werden können.

In ihrer natürlichen Umgebung leben die Pflanzen in den Ästen großer Bäume oder zwischen Felsen. Der Gärtner kann diesen Lebensraum nachstellen, indem er die *Aechmea* an einen dicken mit Sphagnummoos umwickelten Ast bindet. Als Zimmerpflanze gedeiht sie in schlichter Erde am besten; dann braucht sie auch kein zusätzliches Wasser in der Zisterne.

FAMILIE

Bromeliaceae (Bromelien)

HERKUNFT

Brasilien

LICHT

Hell

TEMPERATUR

16–21 °C

SCHÄDLINGE UND PROBLEME

Diese Pflanze ist gegen Schädlingsbefall höchst widerstandsfähig. Nur unter extremen Bedingungen können Schmierläuse auftreten.

PFLEGE

Im Frühling und Sommer gelegentlich schwach konzentrierten Kakteendünger geben. Den Wurzelballen feucht halten, aber die obere Erdschicht zwischen dem Wässern trocknen lassen.

MEDIUM

Einheitserde oder Spezialerde für Epiphyten. Hydrokultur ist möglich, aber weniger empfehlenswert.

GESAMTBEWERTUNG 4,8

Abbau chemischer Schadstoffe	■ ■ ■
Pflegeleichtigkeit	■ ■ ■ ■ ■
Widerstandskraft gegen Insektenbefall	■ ■ ■ ■ ■ ■
Transpirationsrate	■ ■

TULPE

Tulipa gesneriana

Diese beliebte Blume kann man im Winter und Frühjahr sowohl knospend als auch bereits blühend kaufen. Tulpen wachsen aus fleischigen Zwiebeln und zeigen sich in der Blüte in einer Vielzahl bunter Farben einschließlich mehrfarbiger Sorten. Bekannt sind etwa 150 Arten, die Anzahl der Züchtungen ist fast unüberschaubar. Weltgrößter Produzent von Tulpenzwiebeln sind nach wie vor die Niederlande.

Wer Tulpen für die Zimmerblüte selbst antreiben will, pflanzt im September oder Oktober einige Zwiebeln in ein Gefäß mit feuchter Erde und stellt sie 6–10 Wochen lang kühl, am besten an einen schattigen Ort draußen. Sobald die Zwiebeln ausreichend bewurzelt sind, können sie zum Treiben ins warme Wohnzimmer geholt werden. Nach dem Blühen brauchen die Tulpen weiterhin Feuchtigkeit und viel Licht, um die Blätter zu erhalten.

Zwar sind Tulpen etwas mühselig heranzuziehen, aber sie reinigen die Luft recht wirkungsvoll, besonders von Formaldehyd, Xylol und Ammoniak.

FAMILIE
Liliaceae (Liliengewächse)

HERKUNFT
Südosteuropa und Zentralasien

LICHT
Sonnig bis hell

TEMPERATUR
13–21 °C

SCHÄDLINGE UND PROBLEME
Blattläuse

PFLEGE
Erde gleichmäßig feucht halten und nicht austrocknen lassen.

MEDIUM
Einheitserde oder eine Mischung aus jeweils einem Teil Erde, Sand und Torfmoos.

GESAMTBEWERTUNG   4,7

Abbau chemischer Schadstoffe

Pflegeleichtigkeit

Widerstandskraft gegen Insektenbefall

Transpirationsrate

NACHTFALTERORCHIDEE

Phalaenopsis spec.

Mitten im Winter verbreiten die exotischen Blüten der Nachtfalterorchidee einen Hauch von Frühling. Bei hoher Luftfeuchte blühen sie unermüdlich, oft zwei- oder dreimal im Jahr, und weil die Blüten viele Wochen lang halten, kann ein Flor in den nächsten übergehen. Für den Orchideen-Anfänger ist *Phalaenopsis* die erste Wahl, denn sie stellt relativ geringe Ansprüche. Zudem entfernt sie das giftige Xylol recht effektiv aus der Raumluft.

Die Nachtfalterorchidee wächst monopodial, das heißt, sie entwickelt nur einen einzigen Trieb, aus dem neue Blätter sprießen. Gewöhnlich blüht sie im Winter und Frühjahr. Die Blüten werden 5–7,5 cm groß; ihre Farben sind Weiß, Gelb, Rosa, Rot, Violett, Braun, Grün, oder sie sind mehrfarbig. Die Blätter sind dick, breit und ledrig.

Abgeblühte Rispen werden so gekürzt, daß noch zwei oder drei Augen stehenbleiben. Der Rest darüber wird abgeschnitten. Die Pflanze treibt meist aus dem letzten, stehengelassenen Auge wieder aus. Manchmal bilden sich an den Blütenstielen Seitentriebe, die man zur Vermehrung eintopfen kann.

FAMILIE
Orchidaceae (Orchideen)

HERKUNFT
Ostindien, Südostasien, Indonesien, Philippinen, Nordaustralien, Neuguinea

LICHT
Halbschattig

TEMPERATUR
Tagsüber 21–27 °C, nachts 16–18 °C.

SCHÄDLINGE UND PROBLEME
Überwässern kann zu Pilzerkrankungen führen. Bei zu trockener Luft können Schildläuse und Spinnmilben die Pflanze befallen.

PFLEGE
Ganzjährig mäßig mit enthärtetem Wasser gießen. Im Winter und nach der Blüte sollte das Gießen kurzzeitig eingeschränkt werden, damit das Substrat etwas abtrocknen kann. In der Wachstumszeit alle zwei Wochen mit schwach konzentriertem Orchideendünger düngen. Oft besprühen.

MEDIUM
Orchideensubstrat oder eine Mischung aus Lauberde und Sphagnum. Hydrokultur ist möglich.

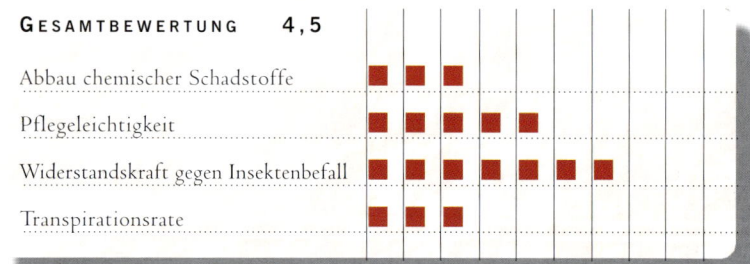

GESAMTBEWERTUNG   4,5

Abbau chemischer Schadstoffe

Pflegeleichtigkeit

Widerstandskraft gegen Insektenbefall

Transpirationsrate

FLAMMENDES KÄTHCHEN

Kalanchoe blossfeldiana

Bei uns ist diese leuchtende Pflanze inzwischen fast ganzjährig erhältlich. Das Flammende Käthchen gibt es nicht nur in seinem ursprünglichen Knallrot, sondern in vielen Farben wie Weiß, Gelb, Orange, Gelborange, Rosa oder Violett. Die *Kalanchoe* ist mit mehr als 200 Arten vertreten. Diese mehr oder weniger sukkulenten Pflanzen bilden ihre langgestielten Blüten nur an den kurzen, lichtarmen Tagen. Ihre luftreinigenden Eigenschaften sind eher schwach, dafür ist ihre Schönheit um so berauschender. Mit Blatt- oder Kopfstecklingen, die vor dem Eintopfen einige Tage trocknen sollten, ist die Vermehrung nicht schwer. Im Sommer sollte man das Käthchen nach draußen stellen.

FAMILIE
Crassulaceae (Dickblattgewächse)

HERKUNFT
Madagaskar

LICHT
Sonnig

TEMPERATUR
16–26 °C

SCHÄDLINGE UND PROBLEME
Blatt- und Schmierläuse, besonders auf den Blattunterseiten.

PFLEGE
Von März bis August alle zwei Wochen mit Kakteendünger düngen. Um im Winter zu blühen, braucht die Pflanze im Herbst Ruhe. Im Sommer mäßig gießen, im Winter fast trocken halten.

MEDIUM
Wächst in Erde und in Hydrokultur.

GESAMTBEWERTUNG	4,5
Abbau chemischer Schadstoffe	■ ■
Pflegeleichtigkeit	■ ■ ■ ■ ■
Widerstandskraft gegen Insektenbefall	■ ■ ■ ■ ■
Transpirationsrate	■ ■

Pflanzenregister

Glossar

Absorption: die Aufnahme von Chemikalien oder anderen Stoffen in Pflanzengewebe.

Adsorption: das Anlagern von Gas, Flüssigkeit oder gelösten Substanzen an eine Oberfläche.

aerob: Sauerstoff atmend.

Allergen: allergieauslösende Substanz.

Allergie: Überempfindlichkeit gegen bestimmte Stoffe; die Reaktion von Antikörpern auf ihre spezifischen Antigene.

anaerob: ohne Sauerstoff lebend.

Antigene: artfremde Eiweißstoffe (z. B. von Bakterien), die eine Allergie oder Antwort des Immunsystems hervorrufen.

Antikörper: als Reaktion auf Antigene gebildete, spezifische Moleküle des Immunsystems; sind Antikörper vorhanden, führt ein weiterer Kontakt mit dem Antigen zu einer Immunantwort.

Auge: Knospe.

Bio-Effluvien: Chemikalien, die durch Ausdünstung von Lebewesen (hier: Menschen) an die Atmosphäre abgegeben werden.

Biosphäre: Gesamtlebensraum der Erde; umfaßt den Raum von der Erdkruste bis in die höheren Schichten der Atmosphäre.

Brakteen: farbige Hochblätter im Bereich des Blütenstandes (z. B. beim Weihnachtsstern) aus farblich umgewandelten Laubblättern. Oft sind Brakteen auffälliger als die eigentlichen Blüten.

Chlorophyll: grüner Farbstoff in Blättern und grünen Teilen der Pflanze. Dient bei der Photosynthese zum „Einfangen" des Lichts.

Einheitserde: Begriff für Erde, die für eine Vielzahl der „normalen" Pflanzen verwendet werden kann. Blumenerde ist dagegen je nach Hersteller und Patent unterschiedlich.

Epiphyten: Gewächse, die auf anderen Pflanzen wachsen, ohne zu schmarotzen. Viele Orchideen und Bromelien sind Epiphyten.

Granulat: leichtes, körniges und poröses Material z. B. aus Blähton, das Wasser speichern kann.

Hybriden: Pflanzenkreuzungen aus verwandten Arten.

Hydrokultur: erdlose Pflanzenkultur mittels Hydroponie.

Hydroponie: Technik, durch die Pflanzen in einem Medium kultiviert werden, das die Versorgung mit Feuchtigkeit und Nährsalzen durch Umspülen der Wurzeln gewährleistet. Hauptanwendung in der kommerziellen Gemüse- und Blumenzucht.

Immunglobulin (Ig): Antikörper.

Luftfeuchtigkeit: relative Luftfeuchtigkeit gibt den Gehalt an Wasserdampf in der Luft als prozentualen Anteil des maximal möglichen Feuchtigkeitsgehalts bei gegebener Temperatur an.

Mikroorganismen: Organismen, die mikroskopisch sichtbar sind: Bakterien, Protozoen, Algen, Pilze.

Pflanzenstoffe, sekundäre: siehe sekundäre Pflanzenstoffe.

Phloem: Gewebesystem der Pflanze, das Nährstoffe, vor allem Zucker, von und zu den verschiedenen Organen der Pflanze befördert; meist von den Blättern in Stiel und Wurzeln.

Photosynthese: Umwandlung von Lichtenergie in chemische Energie. Durch Licht und Chlorophyll werden aus CO_2 und Wasser Kohlenhydrate (Zucker) gebildet.

Respiration: Atmung; Oxidation von Zuckern zur Energiegewinnung.

Rhizosphäre: Wurzelbereich der Pflanze, der von Ausscheidungen der Wurzeln geprägt wird.

Sekundäre Pflanzenstoffe: Substanzen, die von Pflanzen außerhalb des Grundstoffwechsels (Energiegewinnung) erzeugt werden; z. B. Alkaloide, Terpene, Steroide, Flavonoide, Gerbstoffe, Glykoside, Fette, Farbstoffe, Harze etc.

Sphagnum: Sumpfmoos.

Stomata: Spaltöffnungen an den Blättern der Pflanze, durch die Wasserdampf, Sauerstoff und andere Gase vom Blatt aufgenommen oder abgegeben werden.

Substrat: Ersatz- oder Zusatzstoffe der Blumenerde; allgemeiner Begriff für Pflanzenerden.

Symbiose: Zusammenleben von zwei oder mehreren verschiedenen Organismen in gegenseitiger Abhängigkeit.

Terpene: komplexe, ungesättigte Kohlenwasserstoffe; in ätherischen Ölen von Pflanzen, vor allem von Pinien.

TKS: Torfkultursubstrat.

Transpiration: Abgabe von Wasserdampf durch die Spaltöffnungen. Transpiration kühlt und führt zu einer Luftbewegung.

Ventilation: hier: Luftstrom, der verbrauchte Raumluft mit frischer Außenluft anreichert.

Xylem: Gewebesystem der Pflanze, welches Wasser und Nährsalze durch seine Leitbahnen aus der Wurzel in die Pflanze bis zu den Blättern befördert.

Register